賢い女性の
7つの選択

幸せを決める「働き方」のルール

本田 健

Ken Honda

きずな出版

はじめに――

いまの仕事で、あなたは幸せになれますか

あなたにとって、「仕事」とは何でしょうか。

「生活のために、必要なものだ」という人は少なくないでしょう。

「特別に好きというわけではないけれど、それがイヤだということもない」

そんなふうに、仕事をしている人もいます。

「やりがいを持って、仕事に取り組んでいる」という人もいれば、「いまは、たいした仕事をしていない」「無職で家に引きこもっている」という人もいるでしょう。

最初にお伝えしておきたいのは、この本では、「仕事をしなさい」とか「どうすればお金が稼げるか」ということは、あつかいません。

本書は、前作『賢い女性の「お金の稼ぎ方・ふやし方・守り方」』に続く「賢い女性

の」シリーズの第2弾です。今回は、「仕事との距離」にフォーカスして見ていきます。

女性の人生は、仕事とどれくらい距離を取るかで、その体験が違ってきます。

仕事をまったくせず、無職という状態の女性は、世間から遠く離れてしまった感じがしているかもしれません。

引きこもって何年もたっていたり、仕事をやめてそのうち働こうと思って、いつのまにか半年、一年になってしまった人もいるでしょう。

そういう人は、いま、毎日のように焦《あせ》りを感じているかもしれません。

外で仕事をしていなくても、主婦という立場の人もいます。

「結婚したら女性は家庭に入るもの」と考えられていた時代には、女性にとって「仕事」は、それほど大切なものではなかったかもしれません。学校を卒業して、結婚前の数年だけ働けばいいものだと考えていた女性は多いことでしょう。

専業主婦や、パートタイムで働いている人は、ふだん、仕事について真剣に考えることは、それほどないかもしれません。

ですが、共働きの家も増えてきて、女性も仕事に積極的に関わる時代になってきました。

そういう時代に、そもそも仕事とは何か、どういう距離でつき合ったらいいのかを一緒に考えていきましょう、というのが、私がこのシリーズを書く動機です。

この本を読み進めると、不思議な効果があると思います。

ふだんのんびり屋さんの女性は、「ちょっとヤバイかも」と焦りを感じるかもしれませんし、不安や恐れを日常的に感じる人は、「なんとかなるかも」と感じていくと思います。

これまで、あまり深く考えてこなかったという女性は、この本をきっかけに、自分の人生設計について考え始めるでしょう。

逆に、未来の心配ばかりしているような女性には、なんとかなるということを知ってもらいたいのです。いまを受け入れたうえで、自分はどうしたいのか、現実的に考えていきましょう。

そうすることで、不必要な不安は消えていくものです。

では、これから、あなたが、「とっても幸せ」と思えるようになるためには、どう仕事と関わっていけばいいのかを見ていくことにします。

前作のお金編に続いて、今回もいろんな角度から、それを探る旅に出ましょう。

□幸せを決める働き方のルール

01 □ 仕事との距離をどう取るかで、仕事のやり方や報酬も変わる

02 □ いま選択しても、すぐには難しい道もある

03 □ ゲームはゴールインすることより、その過程を楽しむほうがいい

04 □ ある日突然コースが変わっても困らない準備をしておく

05 □ 自分の仕事にとって、どんなルールが大切かを知っておく

06 □ すべてを手に入れることはできないという前提を知っておく

07 □ 違うルートを行きたいなら、その道のルールも知っておく

08 □ それぞれの働き方のいい点、悪い点を知って戦略を練る

09 □ 自由と不自由の折り合いをつける

10 □ 自分で決められる自由を手に入れる

11 □ お金が入ってくる仕事ほど、リスクが大きい

12 □ 社会とのつながりをどれだけ持ちたいか、考える

13 □ 自分の命をどう使うかは自分で責任をとらなければならない

14 □ どんな働き方にも、身につけなければならない知識や情報がある

15 □ いまの場所から最善のルートを探す

16 □ 仕事をするなかで自分の才能を見つけていく

17 □ お金を払ってでも、それをしたいと思う仕事に出会う

18 □ 相性のいい人たちとの仕事はうまくいく

19 □ OJTでセルフカリキュラムをつくる

20 □ 直接、会いに行けるメンターを持つ

21 □ 自分に向いている働き方ができると自信が湧いてくる

22 □ 最初の入り口は何でもいいと考えて、戦略を練る

23 □ その仕事で、独立できるだけの力をつける

24 □ 自分のコースのルールを学ぶ

25 □ 将来の自分に役に立つ仕事をする

26 □ 人間関係が、幸せ不幸せを決める

27 □ お金を生み出す仕事と、そうでない仕事の違いを知る

28 □ 自分の仕事が、いくら生み出すのかを知る

29 □ 仕事に飲み込まれていないかをチェックする

30 □ これからのキャリアプランニングを考えておく

31 □ ルートが変わったらゼロから学び直す感覚を持つ

32 □ 仕事をやめても自分の価値は下がらないと知っておく

33 □ ボロボロになるまで、自分を使いすぎない

34 □ 仕事をやめても困らないように貯金しておく

35 □ 一生現役の道を行くなら、自分の専門性を
積み上げておく

36 □ 夫婦でいることの意味を考える

37 □ 家族との時間を考えに入れて、キャリアプランニングしていく

38 □ 残業ができない分は別のことでフォローすればいい

39 □ 充実した仕事と素晴らしい家族を両立させる方法を見つける

40 □ 38歳で運命の方向性を見極める

41 □ 人生の変化によって変わるルートを予測しておく

42 □ プライベートを仕事に飲み込ませない

43 □ 年代別に仕事との幸せな関わり方がある

44 □ 自分を表現するための方法としてフリーランスの道もある

45 □ 経営者と従業員ではルールが違う

46 □ すべて自分発で動かさないと、起業はうまくいかない

47 □ 起業するなら、誰かの役に立つビジネスを見つける

48 □ 自分が楽しいと思うことに時間を使う

49 □ 仕事との幸せな距離を取る

50 □ 仕事がくれないものを理解しておく

51 □ 誰かの役に立つライフワークに出会う

52 □ 仕事を通して幸せを見つける

目次

第1章
仕事との距離の取り方で人生は大きく変わる

第2章

7つの働き方には、それぞれのルールがある

第3章

自分のコースをどう登っていくか

第4章 必要なスキルを積み上げていくには

第5章 あなたの選択次第で人生のステージは変わる

第6章 パートナーシップと、家族との関係

第7章 起業してライフワークを生きるという道

第8章

働くことで、幸せになるコースを選ぶ

賢い女性の7つの選択——幸せを決める「働き方」のルール

第1章

仕事との距離の取り方で人生は大きく変わる

女性の働き方には、7通りの選択肢があります

人生は選択の連続だといわれますが、何を選ぶかで、あなたの未来は大きく変わっていきます。

私たちは誰もが、多かれ少なかれ、「役割」や「仕事」を持っていて、それをこなしていくことが人生だといってもいいでしょう。

あなたは、いま、どんな仕事をしていますか？　その仕事と、どれくらいの距離を取っているでしょうか？

仕事との距離をどう取るのか、というのは生き方にもつながりますが、私は女性の働き方には、次のような7通りの選択肢があると考えます。

（1）「無職」「ひきこもり」など、家事も、仕事もしない
（2）「専業主婦」「家事手伝い」「家族の介護」などをやり、外では仕事をしない
（3）「ボランティア」として、意義のある活動をサポートする
（4）「パート」として週に数日、または「正社員」として毎日働く
（5）「エリート」として、残業も厭《いと》わずに、バリバリ働く
（6）「フリーランス（自営業も含む）」として働く
（7）「ビジネスオーナー」「投資家」として生きる

右の働き方のどれを選ぶかで収入も違ってきますが、それは同時に「仕事との距離」をどう取るかを決めることにもなります。

たとえば、（1）の「無職」「ひきこもり」の女性は、仕事からもっとも離れています。それが、悪いというわけではありません。自分は、社会や仕事から距離が離れているのだということを知ってください。

（2）の「専業主婦」「家事手伝い」「家族の介護」をやっている女性は、いまは仕事を外

でやっていないというところで共通しています。でも、まったく何もやっていないわけではなく、いわゆる家事労働ということをしています。金銭的報酬はもらえませんが、仕事には変わりません。

（3）の「ボランティア」の仕事に従事している女性もいます。このタイプの人は、自分の信じる活動を中心にやって生活しています。

それは、環境問題だったり、犬猫を守るNPO、子どもの幼稚園や学校関係の役員など、じつにさまざまな活動があります。専業主婦をやりながら、ボランティアをやっている女性もいるでしょうし、フルタイムの仕事のように、ボランティアをやっている人もいます。

（4）「パート」「正社員」の女性は、専業主婦よりは仕事に近いといえるでしょう。「パート」の人は、仕事に重い責任がないということで、まだ距離は近いとはいえません。「正社員」として毎日働いている人のなかには、仕事と人生がイコールになってしまっている人もいるでしょう。毎日の大半の時間を職場ですごしている人も多いと思います。

（5）「エリート」の女性は、たとえ職場を離れても、仕事のことが頭から離れないという人が多いようです。人生で最優先しているのが仕事であり、時には残業が続いたりします。そのために、家族を持たないと決めたり、家族との時間を犠牲にしたりしてしまう人もいます。大企業に勤めて、総合職のエリートとしてバリバリ仕事をする人もいれば、医師、弁護士、会計士など、専門職のエリートとして、高収入を得ている人もいるでしょう。

この生き方は、7つのなかでも、次の自営業と並んで、もっとも仕事にどっぷりつかっています。知らないあいだに、ほとんど人生を仕事に占拠《せんきょ》されている人もいます。

(6)の「フリーランス」「自営業」は、なかでも、いちばん自由時間がないかもしれません。時間や仕事のやり方に関して、自由裁量がある一方で、収入は正社員のようには保証されていません。「フリーランス」の立場で仕事をする場合、仕事の質、やり方で、「仕事との距離」はそれぞれに違ってきます。

自営業は、すべての役割をやらなければいけないところがあり、労働時間が長くなりがちです。会社員のように、法律で守られているわけではないので、自分でコントロールしないかぎり、体調を崩《くず》すまで働いてしまったりするのです。

(7)の「ビジネスオーナー」「投資家」は、自分のビジネスを持っていたり、投資家として、投資をしている人のことです。「仕事との距離」は近いようで遠く、時間に拘束《こうそく》されるということはありません。オーナーになれば、毎日オフィスにいることもありませんし、そのビジネスに詳しくなければいけないということもありません。

オーナーになるためには、優秀な経営者を雇ったり、チームを動かす才能が必要です。自営業型の社長は現場に出ますが、オーナー型は、日常業務にはタッチしません。

適任者を見つけ、人に仕事を任せる才能が必要になってきます。小規模ビジネスのオーナーの場合、人望も大切になってきます。

「投資家」はいったんお金を投資したら、日常的にやることはありません。投資した株や不動産から収入を得ます。

そのかわり、投資する前に、じっくりと時間をかけて、投資先を吟味《ぎんみ》します。そうしないと、お金を失ってしまうからです。

幸せを決める働き方のルール

01 仕事との距離をどう取るかで、仕事のやり方や報酬も変わる

自分が知らない働き方を知って選択肢を広げていきましょう

いま7つの働き方についてお話ししましたが、普通の女性がイメージできるのは、「無職」「専業主婦」「パート」「正社員」「エリート」「フリーランス」かもしれません。

普通に暮らしていたら、「オーナー」「投資家」という人たちとは、なかなか会う機会はないでしょう。それは、彼らのふだんの生活の場が、普通の人と違うからです。

それぞれの人たちが、どういう生活をしているのか、何を考えて、どう行動しているのかということを説明していきます。なぜ、そういうことを知るのがいいかといえば、「人は知らないものにはなれない」からです。

自分が知らない生き方を知ることは、人生を変える大きなチャンスになります。

それぞれの立場には、なろうと思ってなれるものと、なりにくいものがあります。

たとえば、あなたがいま30代で、大学教育を受けておらず、専門的な会計やマーケティングについての知識がなければ、これから、「エリート」になるのは難しいでしょう。

なぜなら、「エリート」は、小さい頃から受験に勝ち抜いてきた人でないとなれないからです。彼女たちは、有名な高校、大学を経て、一流の会社に勤めています。

主婦ではなく、正社員になりたいと希望すれば、そのための試験や面接があったり、過去にある程度の仕事経験が求められます。

長い人生のあいだに、7つのうちの一つしか経験しないという女性は、例外的でしょう。10代から80代までを生きる間に、無職、アルバイト、パート、正社員、主婦などを行ったり来たりするのです。

そのそれぞれにどういうメリット、デメリットがあるのか、両親や学校が、こと細かに教えてくれるということはないでしょう。

本当は、ごく小さい頃に家庭で、あるいは、中学校の進路指導などで、こういうことを教えてあげるといいのになと思います。

自分が将来行きたい道と、進路が合っているのか、知っておいたほうがいいからです。

無職、パートには簡単になれますが、専業主婦になるためには、結婚相手がいりますし、正社員になるためには、ある程度の学歴と知識が必要です。

また、「エリート」「オーナー」「投資家」になりたいと思っても、簡単になれるわけではありません。

オーナーや投資家は、お金があれば、なれそうな気もしますが、実際にやってみると、無能な経営者や従業員に悩まされたり、ビジネスがうまくいかなくなって、たちまち資金繰りに窮《きゅう》したりします。

また、投資家も、よく投資先を調べないと、一瞬でお金を失ってしまいます。

「将来、ぜひやってみたい」とあこがれを感じるなら、挑戦してみるといいでしょう。

幸せを決める
働き方のルール

02 いま選択しても、すぐには難しい道もある

「女性の人生ゲーム」をどうプレーしていきますか

「人生ゲーム」は、もともとは、アメリカで発売されたボードゲームですが、日本でも、独自の進化を遂げています。子どもの頃に遊んだという人も多いでしょう。

「人生ゲーム」では、ルーレットをまわすことで、人生の進む道が決まり、その後の「人生」が変わっていきます。そのマスを進んでいくうちに、思いがけないことが起こって、時には臨時収入があったり、時にはとんでもないペナルティを課せられたりします。自分の思い通りにならない点では、まさに、人生そのものです。

女性の働き方には7通りあるとお話ししましたが、もし、「女性の人生ゲーム」があるとしたら、あなたは、どんなふうにプレーをしていくか、考えてみましょう。

たとえば、世界のお金持ちの多くは、女性です。日本の長者番付を見ても、それは変わりません。

なぜかといえば、大成功したご主人の遺産を引き継ぐのは、奥さんである女性だからです。世界に知られるような会社のオーナーや創業者だった夫が亡くなった場合、結果的に、その会社のオーナーとして、あるいは投資家としての道に進む、というわけです。

これを「人生ゲーム」として見るなら、20代のときには専業主婦だったとしても、80代では、日本を代表する大金持ちになっていた、という生き方もあり得るわけです。

しかし、その一方で、「一生のあいだ、ずっとお金に困る」という人生もあります。

たとえば同じ専業主婦でも、ご主人が若くして急逝してシングルマザーになり、ずっとパートで生活をしていくという場合には、お金には恵まれなくなるでしょう。

どういうゲームをプレーするのかで、まったく違う人生になります。

幸せを決める
働き方のルール

03 ゲームはゴールインすることより、その過程を楽しむほうがいい

それぞれの働き方で、仕事との距離が違ってきます

働き方によって、仕事との距離が違うというお話をしましたが、その距離は、お金とも関係します。

仕事との距離が離れている人ほど、お金から縁遠くなる、というわけでもないのが面白いところです。

「無職」の人が、お金に縁遠くなるのは、誰でも想像できると思います。

「専業主婦」は、生活の心配がなくても、自分で稼ぐことがないので、お小遣いにも苦労するかもしれません。

「ボランティア」の人は、やりがいがあるのはもちろんですが、もともとの資産家でなければ、お金から縁遠くなる可能性があります。

「パート」で働いている人は、責任がないので、気軽に仕事できる反面、お給料があまりもらえない場合には、不満があるかもしれません。

「正社員」は、身分が保障されているので、そのぶん安心ですが、自分がやりたい仕事だけをやれるわけではありませんし、時間もけっこう拘束されます。

「エリート」の場合には、プライベートの時間を犠牲にしなければならない、ということもあるでしょう。実際に、仕事だけに打ち込んでいるかのような人も少なくありませんが、女性の場合には、そこまで「働きたい」という人は少ないかもしれません。

「お金よりも、自分の時間があるほうがいい」

「家庭に入って、家族のために生きたい」

最近は、そういう女性のほうが多いようです。

あるとき、外国人の友人をつれてスポーツクラブに行ったのですが、ランチのときに、「ここにはどうして女性しかいないのか?」と質問されました。冗談半分に、「彼女たちは奴隷主《どれいぬし》なんだよ。奴隷の男たちは、いま、都心のどこかで働いて、彼女たちのランチ代を稼いでいるんだよ」

と答えました。

ビジネスマンや経営者の奥様である彼女たちは、ある程度の経済的な余裕もあり、自由に好きなことができて、決して不幸ではないでしょう。でも、生きがいのある人生かといったら、そこまで毎日ワクワクしていないかもしれません。

また、旦那さんが別の女性のことが好きになったり、離婚してほしいと言われたら、あっという間に優雅な地位を失います。

そうでなくても、子どもたちが大きくなって、独立していくと、「私の人生は何だったの？」という気持ちが出てくるかもしれません。そうなってから、なぜ、10年前から準備しておかなかったのか？　と後悔しても遅すぎるのです。

幸せを決める
働き方のルール

04 ある日突然コースが変わっても困らない準備をしておく

人生のルールは「ルート」によって変わることを知っておきましょう

人生には、ルールがあります。

そのルールは、全員に当てはまるものもあれば、そうでないものもあります。

自分がどのルートを進むかによって、個別のルールは違ってきます。

たとえば、「専業主婦」のルートを行くとしたら、料理や掃除、子育てということに関する知識と経験を蓄えていくことがルールといえるでしょう。

パートナーを立てたり、愛を育《はぐく》むことが大切になります。途中で、女性として飽《あ》きられたり、こちらが興味を失ったりして離婚すると、これまでと違う人生になります。

「パート」の人は、どれだけ熱心に仕事をしても、正社員の人のお給料よりも、少ない額しかもらえません。仕事に対するやりがいも、あまり期待できないでしょう。気楽に生きることができるかわりに、正社員なみの収入を得るのは難しいでしょう。

「正社員」の人は、定年までの安定が約束されている前提で、そのかわりに、それまではきっちり働くという生き方を選択しています。自分のスキルと才能に応じて、職場での役割を果たしていくわけですが、経営層にまわるということは、ないかもしれません。

「エリート」の人は、同じ職場でも、20代から選別が始まっています。そして30代ぐらいから幹部候補生として経験を積み、場合によっては、MBA取得のために海外に留学したり、あるいは公認会計士、弁護士、設計士などの資格を取ったりしているでしょう。彼らは、スキルと才能と人脈を駆使《くし》して、その会社のヒエラルキーを上がっていきます。

年収は、一般的な会社員の数倍になる人もいますが、自分の時間はほとんど持てないというのが現実です。ビジネスクラスで世界中をまわることがあっても、1ヵ月の長期バケーションを取る余裕はないというのが、エリートの生き方なのです。

仕事においては達成感も充足感もあり、やりがいを持って生きているといえますが、自分の時間、パートナーシップや家族、趣味を持つことが難しくなるでしょう。

それに比べれば、「フリーランス」というのは、会社員やエリートほどに時間を拘束されることはありませんが、そのかわりに安定もないという生き方です。

フリーランスには自営業も含まれますが、その生き方で成功するには、「才覚」が必要になります。

フリーランスで続けていくためには、仕事をつないで、受注しつづけていかなければなりません。客商売であれば、毎回お客様を喜ばせていかなければならないわけです。良好な人間関係を持ち、選ばれる人になる努力が必要なのです。

人を育てること、人に任《まか》せることが上手だったり、ビジネスシステムをつくる才能がある人は、「ビジネスオーナー」になれる人です。

「ビジネスオーナー」は、経営者や社員の雇用のチャンスを提供する、ビジネスを所有する、という生き方です。

海外のお金持ちのなかには、ホテルやレストランを買い、マネージャーや店長に任せて、スタッフを教育させたり、腕のいいシェフをスカウトしたりする人がいます。その人たちに報酬を支払うかわりに、マネージメントまで責任を持たせるやり方です。

「投資家」とは、株式市場で売買されている上場企業の会社の株を所有したり、不動産や事業に投資をして、そこから収入を得る人たちです。

それぞれの生き方、働き方には、それぞれのルールがあって、それらを身につけていく必要があります。

ルールとは、「大切なこと」です。

「専業主婦」にとって大切なことと、「投資家」にとって大切なことは違います。

「正社員」にとっても、「フリーランス」にとっても、大切なことは違います。

どのルールがより大切である、ということはありません。

それぞれの立場、働き方で、大切なルールがあるということです、
まずは、働き方によってルールは違ってくるのだということを覚えておきましょう。

幸せを決める
働き方のルール

05 自分の仕事にとって、どんなルールが大切かを知っておく

仕事との距離で、あなたの人生はまったく違うものになります

あなたにとって、仕事との距離を、どれくらいに保つのが合っているのか。

それを本書のなかで見ていきましょう。

仕事との距離は、生涯を通じて同じということはありません。

20代は、仕事との距離をうんと縮めて頑張りたいけれども、30代になったら、少し距離をおいて、子育てに重きをおく。40代、50代になったら、また仕事との距離を縮めて、60代からは、社会貢献のための時間を費やしたい、というような生き方もあるでしょう。

「30代でフリーランスになって、自分のお店を持ちたい」という人もいれば、「最終的には投資家をめざしたい」「専業主婦になりたい」「パートの立場で自由に生きたい」という人もいるでしょう。

ルーティンワークが苦になる人もいれば、それが好きだという人もいます。

お金を稼ぐことに喜びを感じる人もいれば、お金には無頓着《むとんちゃく》な人もいます。

人の才能、特性は、それぞれです。

同じ親から生まれたはずの兄弟姉妹であっても、みな同じということはありません。

何がよくて何が悪いということではありません。

自分はどこに行けば幸せなのかを考えましょう。

仕事をバリバリやるのが好きな人が専業主婦になって家事や料理だけをやっていたら、3日で退屈してしまうでしょう。家族のために生きたい人が、家族との時間を削って仕事をしなければならないとしたら、苦痛に感じるのではないでしょうか。

「仕事」というのは、自分の時間とエネルギーをどう使うのかということです。

自分の時間とエネルギーを楽しく分かち合える人が、幸せになれる人です。

収入をどれだけ得る、というようなことは問題ではありません。

自分の時間とエネルギーの使い方に満足できるかどうかです。

ところで、ここでもう一つ加えたいのは、仕事との距離と、幸せの距離はまったく関係ないということです。

仕事との距離が遠い「専業主婦」で幸せになることもできるし、「パート」で幸せになることもできる。「ビジネスオーナー」で幸せになることもできれば、「投資家」で幸せになることもできます。

逆にいうと、「投資家」として大きなお金を動かしていたとしても、不幸になる人もいます。「エリート」になっても、不幸になる人もいます。

自分の価値観と違う生き方をしたときに、人は不幸になるものです。

たとえば家族を持ちたいと思っている人がエリートになったら、それは不幸の始まりです。自分はバリバリ仕事をしたいと思っている人が主婦になっても、不満がたまるばかりです。

この本を読み進めながら考えていただきたいのは、自分が人生で何をやりたいのか、ということです。そして、同じ時期に、すべてを手に入れることはできないのだということも覚えておきましょう。

「専業主婦」と「エリート」を両立させることはできないのです。

もちろん、働きながら、子育てをしている人はいます。家族の介護をしながら、働いている人もいます。

そのときに、どちらも100パーセントの力を発揮しなければならないとしたら、数年でイヤになってしまうでしょう。燃え尽きてしまうかもしれません。

いまの自分にとって、優先するべきことは何か。自分と仕事との距離を考えていくと、その答えが出るのではないかと思います。

いまという大切な時間のすごし方を間違えて、将来後悔にしないために、あなたにとっての仕事との関わり方について考えていきましょう。

幸せを決める働き方のルール

06 すべてを手に入れることはできないという前提を知っておく

第2章

7つの働き方には、それぞれのルールがある

自分のコースを選ぶところから人生ゲームはスタートします

第1章では、女性の働き方には、7通りあることをお話ししました。

(1)「無職」「ひきこもり」など、家事も、仕事もしない
(2)「専業主婦」「家事手伝い」「家族の介護」などをやり、外では仕事をしない
(3)「ボランティア」として、意義のある活動をサポートする
(4)「パート」として、週に数日、または「正社員」として毎日働く
(5)「エリート」として、残業も厭わずに、バリバリ働く
(6)「フリーランス(自営業も含む)」として働く
(7)「ビジネスオーナー」「投資家」として生きる

「人生ゲーム」にはいろいろなバージョンのものがあるそうですが、最初に、たとえば

「ビジネスコース」または「専門職コース」といったコースを選びます。

選んだコースによって、「人生」は変わっていきますが、ゲームと同じで現実も、女性の働き方によって、その人生は違ったものになります。

どれがいい悪いではなく、それぞれに、いい点もあれば、よくない点もあります。まずは、それらの違いについて認識しておくことが、人生で後悔しないためのポイントです。

ところで、女性の生き方は、いま、大きく分けて二つの考え方が混在しています。

一つは、結婚して家庭を持つ生き方がいいとされる考え方。もう一つは、いい学校を出て、バリバリ仕事をするのがいいとされる考え方。つまり、女性には、「主婦」になることと、「正社員」になることの両方が求められているわけです。

けれども、女性の生き方、働き方は、「主婦」と「正社員」だけではありません。

それ以外の生き方もあること、そして、それぞれに違うルールがあることを知っているかどうかで、人生は大きく変わっていきます。

また、一人の女性は、生涯に一つの働き方しかできないわけではありません。むしろ、一つだけにするのは難しいでしょう。

たとえば20代では「正社員」でもいいかもしれませんが、30代は「主婦」になり、40代は「パート」になる。このルートをたどる女性は多いといえるでしょう。

才覚のある人は、途中で「フリーランス」になるかもしれません。

あるいは、会社から認められて、「パート」から「正社員」になる人もいるでしょう。

あなたは、どんなルートで生きてきましたか。

そして、これから、それはどう変わっていくでしょうか。

いままでと違うルートを行きたいと願うなら、それぞれのルールも知っておかないと、元のルートに戻ってしまうことにもなりかねません。

まずは、それぞれの働き方には、それぞれのルールがあるということを知ること。それがこの章の最初に伝えたいことです。

幸せを決める
働き方のルール

07 違うルートを行きたいなら、その道のルールも知っておく

人生のルートは、いくらでも変えられます

たとえば人生が80年だとして、ずっと専業主婦でいなくてはいけないということはありません。

「好きなことをする」という観点からいえば、人生は、本当の才能と才覚を活かすかどうか、あるいは、パートナーを持つ、持たないによって違ってくるものです。

自分は20代をどのように生きていくのか。30代、40代、50代、60代はどのように生きていくのか。それぞれの年代でイメージを持っていないと、なんとなく流されて、気がついたらいい年になってしまったということにもなりかねません。

また、たとえば、「投資家になりたい」「フリーランスになりたい」と思っても、すぐになれるとはかぎりません。そのための準備が必要なこともあります。

正社員から主婦になるには、会社をやめるだけで、それは可能かもしれません。

けれども、主婦から投資家やビジネスオーナーにはなりにくい。エリートになろうとしても、すぐになれるというわけにはいかないでしょう。

ルートを変えるとしたら、「変えやすい順番」というのはあると思います。

「正社員」「エリート」になりたいと思ったら、最低限、「これだけはしておかなければいけないこと」というのがあります。

「ビジネスオーナー」になるにしても、そのために学ばなければならないことがあります。「フリーランス」になるには、仕事が受注できなければなりません。そのための人脈も必要になるでしょう。経済的にまわしていかなければならないので、経理、税金などの知識もいります。

その前に、そもそもフリーランスでやっていくだけのスキルと才能が必要です。それがなければ、単価の低い、ただの下請《したう》けになってしまうでしょう。

7つの働き方のうち、自分はどこを選ぶのか。そのために、どういうふうな戦略を練《ね》るのかということです。

戦略を練る前に、それぞれの働き方のいい点、悪い点を見ておきましょう。

たとえば、主婦には、他に比べて、時間があるという利点があります。もしも子育て中であれば、子どもとの時間も持てます。

子育てのために休職しなければならなくなった女性は、仕事ができないことを不満に思ったり、社会に取り残されてしまうと焦ってストレスを感じることがありますが、そうではなく、むしろ、子どもや自分自身とゆっくり向き合えることを贅沢《ぜいたく》なことだと考えれば、その時間を有意義にすごすことができるでしょう。

主婦の人は、仕事に追われないぶん、絵を描いたり、音楽やガーデニングを楽しんだり、料理を研究したりといった自分の趣味や才能を生かすことで、人生の豊かさを手にすることができるのです。

いまの若い女性たちのなかには、「正社員」にはなりたくない、「専業主婦」になりたいという人が増えているようですが、「専業主婦」というのは、自分の時間を自由に使えるという点では、昔の貴族のような身分だともいえるでしょう。

けれども、残念ながらパートナーの収入がそれほど高くなければ、「専業主婦」でいたいと思っても、そういう贅沢は叶《かな》いません。その意味では、「専業主婦」になるというのは、昔ほど簡単なことではなくなっているのかもしれません。

また、結婚せずに、実家にいる「家事手伝い」の人、引きこもってしばらく家から出ていない人、親の介護をやっているという人もいるでしょう。

そういう生き方を選ぶと、仕事からも社会からも遠ざかってしまいます。いったん、そうやって社会から切り離されると、なかなか復帰するのは難しいのです。

もし、あなたが、社会から離れて暮らしていると感じていたら、どうやってカムバックするのか、考えてみましょう。

可能なら、ボランティアをやったり、ちょっとしたアルバイトをやったりして、少しずつ社会とのつながりを取り戻す方法もあります。

08 それぞれの働き方のいい点、悪い点を知って戦略を練る

専業主婦とパートと正社員それぞれに、いい点、悪い点があります

「専業主婦」は、毎日家事や育児などの仕事をやっているのに、それに対して、感謝されたり、喜ばれるということはあまりないかもしれません。パートナーが理解ある人ならともかく、「君はいいなぁ、仕事もせずに家でのんびりできて」という皮肉《ひにく》を言われたりする主婦も多いのです。

子どもも、小さいときには母親がすべてで、「ありがとう」をいっぱい言ってくれるかもしれませんが、それも、3歳から10年たらずのことです。

13歳をすぎたら、男の子も、女の子も反抗的になるばかりです。そのぶんパートナーがやさしくしてくれるといいのでしょうが、いつもそうとはかぎりません。

つまり「主婦」の人生は、社会とつながらず、感謝もほとんどされない可能性のある生

き方だともいえるわけです。

さらに、経済的な自由もないので、高価な化粧品やバッグなどを買ったり、友だちと食事や旅行に行ったりしたいと思っても、パートナーに気を遣うことになります。

時間は比較的自由でも、経済的、社会的には不自由になるというのが、「専業主婦」のデメリットでしょう。

仕事をしないという意味では、引きこもりで家にいたり、たいして仕事をせずに家事手伝いをする、親の介護のために家にいるという人もいるでしょう。

「パート」で働く人のプラス点は、専業主婦に比べて、「自分のお金」ができることです。そのお金で、家計を助けることもできるし、ちょっとしたお小遣いにもなります。

また、専業主婦のときにはなかった「職場の人たちとのつながり」を持つことができます。お昼休みに職場の人たちとテレビの話題で大笑いしたり、イベントで盛り上がったり、ということがあるわけです。そういうことでストレスを発散することもできます。

生活にメリハリがついて、それまでは面倒だと思っていた子どもを保育園に迎えに行くことも、楽しめるようになったりもします。

パートで仕事をすることで、自分が何かをすることで、職場の人やお客様に喜ばれるというやりがいも生まれます。また、ものをつくったり接客したりという仕事を通じて、社会に参加しているという意識も芽生えます。

マイナス点としては、主婦に比べたら自由な時間が減るということでしょうか。また、お金を稼ぐといっても、それほどお給料がいいわけではないし、身分が安定していないということもあります。

「正社員」の生き方は、前に触れましたが、60歳ぐらいまでは会社、または役所が面倒を見てくれるということがあります。一定の給料は保証されて、ボーナスも出る、福利厚生もある、病気になってもしばらくは給料をもらいつつ休暇を取れたりもするというのが、一般的な「正社員」のイメージでしょう。また、社会的な地位も保証されるので、たとえば部屋を借りられたり、ローンを組めたりというメリットもあります。

マイナス点としては、あまり自由時間がないということでしょう。

もちろん土日や祝日が休日であったり、有給休暇もあるでしょうが、就労時間も決まっているし、自分の自由に仕事をする権利というものがありません。

たいていは、会社から割り当てられたものが仕事になるわけです。

たとえば朝の9時から夕方の5時、6時までは、会社に拘束されている時間で、それを会社に差し出しているようなものです。そのために時間を自由に使う裁量権がないわけですが、この点が「正社員」のいちばんのマイナス面ではないでしょうか。

「正社員」には、自分の意見が自由に言えないという不自由もあるかもしれません。心のなかでは「違う」と思うことでも、会社のなかでの立場では口にはできないということがあります。「上司には言えない」「お客様には言えない」ということがあるわけです。

会社員、公務員は、組織の一員であることから、それゆえの不自由さがあります。

社会的な安定を手に入れるかわりに、いろんな不自由さを我慢しなければいけないのが、組織に属するということなのです。

幸せを決める
働き方のルール

09 自由と不自由の折り合いをつける

自由度がどれだけあるかも大切なポイントです

「エリート」の女性は、会社のなかでも目立つ存在で、尊敬されることも多いでしょう。そのために仕事にやりがいもあり、経済的にも恵まれるというプラス面があります。

マイナス面は、「正社員」や「パート」の人には考えられないような、仕事の責任から来るストレスと拘束時間が長いことです。

「エリート」は、仕事をしていくかぎり、結果を出しつづけることが求められます。

会社から期待されることも多く、それに応《こた》えられなければ、いつクビを切られるかわからない、と思っています。「出世競争に敗《やぶ》れたら人生は終わり」――そんな感覚を持ってしまうようです。

「パート」の人は、給料が安くても、いまの人生で幸せを見つけるのが上手な人が多いのです。人生はお金だけじゃないことがわかっているのです。

ところが「エリート」の人は、ちょっとした失敗でも、命取りのように考えてしまいがちです。結果として、自分で自分を追いつめてしまうことも少なくないようです。

「エリート」には、医師や弁護士なども含まれますが、こうした職種の人は、一度ルートに乗ってしまうと、路線変更がそう簡単ではありません。

ルートを変えたいと思っても、途中下車できないところが、「エリート」のいちばん苦しいところかもしれません。仕事を変えたいと思っても、会計士から医師になろうとすると、最低でも数年から10年ほどの新しい勉強が必要になってくるからです。

「フリーランス」のプラス点は、自由に何でも選べるということでしょう。

自分の好きな場所で、好きなことを、好きなようにできる自由があります。

また、自分の提供するもの、商品、サービスの値段を自分で決められる自由もあります。誰とつき合うのか、誰をお客さんにするのか、それらすべてがフリーです。その意味では、仕事をするうえでは、自由を意味する「フリーランス」なのでしょう。

マイナス点としては、才能があまりないと、単なる下請けになるということです。

そうなると、フリーランスのせっかくのメリットである自由を失ってしまいます。

相手から値切られて、納期や値段を決める権利も失うことになります。

「フリーランス」のコースを選ぶなら、才能を発揮しないと難しいということです。単価を下げられたり、職場の権力争いに巻き込まれたり、あるいは正社員の人に虐《いじ》められたり、という可能性もあります。

「ビジネスオーナー」についても見ていきましょう。

自由という意味では、「ビジネスオーナー」は世界中のどこにいてもお金が入ってくるという点で、仕事にしばられるということがありません。

入ってくるお金は、ビジネスの大きさによりますが、オーナーという立場で、誰かに職を提供しているということに対しての喜びもあります。尊敬や感謝を受けることも多く、社会的な信用もあります。

マイナス点を見ると、たとえば会社が赤字でも「正社員」は給料をもらえますが、「ビジネスオーナー」には、その保証がありません。

つまり、経済的な安定度から見れば、ビジネスオーナーは、安定度は低いのです。

自分のレストランなりビジネスなりが失敗して、赤字が出れば、個人でその分を補塡《ほてん》しなければならないわけです。

オーナー業というのは、うまくいっていると仕事もストレスも少ないのですが、うまくいかなくなると、途端にストレスだらけになります。

とくにお金と人事の問題が、オーナーを煩《わずら》わせるものになります。

ときどき社員がお金を持ち逃げしたということを聞きますが、そうしたことも、オーナーのリスクとしてはあります。

信頼していた人に裏切られるのは、つらいことですが、そこまで大事件でなくても、任せた人が、思ったように働いてくれないということもあります。

あげくに、任せた店や会社が潰《つぶ》れたりして、自分のビジネスも資産も失うことになることもあります。他人任せなので、コントロールが利《き》かなくなることがあるわけです。

幸せを決める
働き方のルール

10 自分で決められる自由を手に入れる

投資家は、お金のリスクを取ることが仕事です

「投資家」は、自分がいったんお金を出したら、細かいことは言えないものです。自分が「うまくいく」と見込んだ人や会社には、全幅《ぜんぷく》の信頼を寄せて、お金を預けないとダメなのです。そうして見ると、失敗するリスクが高いのが投資家です。

なぜかといえば、「投資家」は、生きているビジネスに投資するからです。安全なものに投資したら、リターンが低くなります。たとえば、郵便貯金というのは安全なほうですが、それだけリターンが低い。ベンチャービジネスに投資するのは、ゼロになる可能性がきわめて高いわけですが、でも当たれば大きいということになります。

投資家というのはラクしているように見えるかもしれませんが、たえず投資した金額を失うかもしれないという不安にかられて、夜も寝られなくなることがあります。

「正社員」は、仕事で失敗しても全財産をなくすということはありませんが、「投資家」は、投資した資産をすべてなくしてしまうこともあります。

それぞれの働き方のいい点、よくない点を知っておくことで、自分の生き方が見えてきます。

仕事のやり方としては、報酬を多く得るのがいいと思う人もいるかもしれませんが、それだけでは一概に決められません。自由度やストレスの度合いなども、いろいろ見たうえで、自分がどこに行くのかを決めるのです。

「無職」の場合、自分の居場所がどこにもない感じがするかもしれません。

「専業主婦」の場合は、欲求不満というストレスはあるかもしれませんが、資金繰りなどビジネスへのプレッシャーやノルマというものとは無縁でいられます。

「パート」「正社員」の人たちも、経済的リスクは、ほとんどありません。

仕事上で大失敗をしても、それが犯罪がらみでなければ、補償を求められることはないのです。

なので、ビジネスオーナーや投資家から見れば、リスクはほとんどなくて、いいなぁとと思えるのではないでしょうか。

「エリート」の人は、お金の面では恵まれて、好きなブランドのバッグでも何でも買えるかもしれませんが、同時に、ものすごいプレッシャーで、「プロジェクトに失敗したらどうしよう」といった悪夢にさいなまれるわけです。

エリートでも、自営業で医師、会計士、弁護士などをやっている人は、クライアントからの訴訟《そしょう》のリスクを抱えています。

ある意味で、お金がいっぱい入りそうな仕事には、それだけのリスクもあるということでしょう。

どんな働き方でも、100パーセントいいことばかりということもなければ、悪いことばかりということもないのです。

幸せを決める
働き方のルール

11 お金が入ってくる仕事ほど、リスクが大きい

ボランティアとして仕事に関わる方法もあります

仕事というと、会社に勤めることやお金を稼ぐことと考えられがちですが、ボランティアなどの活動も、大切な仕事の一つといえるでしょう。

法人には、株式会社などの「営利法人」と、NPO法人や社団法人などの「非営利法人」があります。営利法人は、構成員への利益分配を目的としたものです。非営利法人は、構成員への利益分配を目的としていません。

最近では、非営利団体への就職を希望する若い人も多いようですが、あくまでも社員、事務員として働く場合には、給料が保証されていることもあるので、一般の会社員とかわりがありませんが、ボランティアとして協力するのであれば、報酬はありません。

私の知り合いでも、このボランティアを自分の仕事として関わっている人が何人もいます。彼女たちは、パートナーが稼いでいたり、資産に恵まれていたりして、生活費を稼ぐ必要はありません。

つまり何もしなければ、「専業主婦」という生き方になります。けれども、専業主婦では得にくい「社会とのつながり」や「やりがい」を、「ボランティア」をすることで持てるようになるようです。

そうしたことは経済的に余裕がないとできないと思うかもしれませんが、そんなことはありません。

たとえば、近所の子どもの面倒を見たり、老人ホームでお年寄りの話し相手になったり、犬猫などの世話をしたり、公園をきれいにしたり、というようなことなら、始めやすいのではないでしょうか。

経済的にそれが許されるのであれば、「ボランティア」としての生き方、働き方というのは素晴らしいことです。

私の友人であるリン・ツイストさんは、作家、講演家として活躍していますが、それだけでなく、30年以上にわたって、飢餓《きが》や貧困の解消、熱帯雨林保護、女性と子どもの社会的地位向上などに取り組んでいる、世界的な資金調達の専門家(ファンドレイザー)として有名です。彼女が集めた募金は、総額で200億円にものぼるといわれていますが、それはリンさんが特別な人だからできたことでしょうか。

彼女はもともと小学校の教師をしていました。大学を卒業して、普通の小学校で、普通の先生として、子どもたちに音楽やダンスを教えていたそうです。

あるとき、ごく普通の生き方に違和感を覚え、何かを変えたいと感じ、その感覚を素直に受けとめて、行動を起こしました。

あるセミナーに参加して、自分と真摯《しんし》に向き合い、飢餓問題の軽減に取り組むプロジェクトへの参加を決心したのです。

彼女は自分の心の声に従って行動しつづけ、その結果、彼女のライフワークは、彼女を世界へと誘い、マザー・テレサ、ネルソン・マンデラ、ダライ・ラマなど世界的な人物と活動を共にするようになっていったのです。

「社会との距離」という観点から見ると、また面白いものが見えてきます。

社会復帰という言葉がありますが、「無職の人」「専業主婦」は、社会との距離が遠いといっていいでしょう。「パート」の人は、少し近くなります。

「正社員」「エリート」は、社会人というだけあって、社会に属しているといえます。

「フリーランス」「ビジネスオーナー」は、ややメインストリームから外れているかもしれません。

社会との距離は、仕事を通じてどれだけの人に会うかということで判断するなら、投資家も、大規模でやっていなければ、やや社会の中心から離れているでしょう。

社会のなかに入っていることがよいということではなく、自分が、どういうふうな距離感を持ちたいかということが大切です。そこから、仕事を選んでいくのです。

幸せを決める
働き方のルール

12 社会とのつながりをどれだけ持ちたいか、考える

自分の才能、エネルギーをどう使うか、その配分に気をつけましょう

あなたは自分の才能を、日常的にどれくらい使っていますか？

「自分には何もない」「まだ自分の才能といえるようなものは見つかっていない」という人も多いかもしれません。

「才能」というものは、使いこんでいくうちに、その姿を現すという性質があります。

真剣に打ち込まなければ、出てこないのです。

その一方で、自分の才能を一つのことだけに使ってしまうと、それ以外のことには、かかわる余裕がなくなってしまう、ということもあるようです。

ある有名な女性アーティストが、自分のエネルギーをすべて自分の作品にかけたいと思ったから子どもは持たなかった、と話しているのを聞いたことがあります。

そういう話からもわかるように、才能の使い方とは、自分の人生、エネルギーを何のために使うか、ということでもあります。

たとえば、パートナーのために自分の人生の半分を捧げる、という人もいるでしょう。

あるいは、3分の1の人生は子どものために、もう3分の1は社会的なボランティアのために使い、残りの3分の1は自分のために使う、という人もいるでしょう。

いろいろな生き方がありますが、それはイコール自分の才能をどう使うのか、ということです。それが、仕事とどうつながるのか、ということにも関係してくると思います。

ところが、そのことが自分で納得できていないと、自分の仕事、人生そのものにイライラしたり、不満を抱くようになります。

自分の才能を何に使うかということが大切ですが、もっとわかりやすくいえば、「自分の才能」は「自分の時間」に置き換えられます。

そして、「自分の時間」というのは、自分の命ということです。

パートナーや子どものために人生を使うというのは、自分の命を与えているということなのです。

ご主人に対して、「私の20年を返してほしい」と訴えた女性がいました。

自分の命を誰かのために使うというときに、そのことに喜びを見出せる人と、自分ばかりが損をしていると思う人がいます。

自分の命をどう使うかは、自己責任です。

自分で責任をとらなければならないわけです。

あとになって、「与えた分を返してほしい」というのは、自分の時間の投資の結果に不満足だということなのでしょう。

子育てでも、同じような気持ちになるかもしれません。かわいいのは小さいときまでで、反抗期を経《へ》て、そのうちには独立していくのが子どもです。大人になるまでには、あるいは大人になってからも、子どものために苦労をするということもあるでしょう。なかには、「子どもなんて持たなければよかった」と思う人もいるかもしれません。

けれども、投資をして得がなかったと思うばかりでは、幸せにはなれません。

どんなことでも自分なりに、折り合いをつけなければならないのです。

大切なのは、自分がどうしたいかです。

自分が、子どものために命を使いたいと思って、それをするのであれば、たとえ見返りがなくても、後悔はないはずです。

家族を持ちたい、そのために命を使いたいと思ったのなら、それに文句はつけられないということです。

パートナーと出会って、「この人のために、自分の人生を100パーセント捧げたい」と思い、相手も同じように思ったとしたら、それこそ美しい関係ですが、現実には、そううまくはいかないものです。

ここで大切なのは、100パーセントである必要はないということに気づくことです。

予算配分のようなものですが、これを間違うと、後悔ばかりの人生から抜け出すことができません。

幸せを決める
働き方のルール

13 自分の命をどう使うかは自分で責任をとらなければならない

人生のキャリアパスを設計しましょう

7つの働き方を見ていくと、これから自分がどこにいきたいのかも見えてくるでしょう。「専業主婦」になりたいのか、「フリーランス」になりたいのか。あなたが選ぶコースによって、学んでおくこと、経験しておくことが違ってきます。

将来、自分がめざす職業をふまえたうえで、どのようなかたちで経験を積んでいくのか、その計画を立てることを「キャリアパス」といいますが、あなたの人生においてのキャリアパスを設計しましょう。

たとえば、結婚して専業主婦になりたい人は、パートナーを見つけることが先決ですが、どういう主婦になりたいのかを具体的に考えてみるのです。

相手の側になってみると、パートナーと一緒にビジネスをしたいという人もいます。そういう人と結婚してしまったら、「専業主婦」になることは難しくなってしまいます。

「パートナーには専業主婦になってほしい」という相手を見つけることが、「専業主婦」になりたい人の大切なキャリアパスといっていいでしょう。

「パート」をめざすなら、どういうパートの仕事で自分は幸せになれるのかを考えてみます。からだを動かすのが好きなのか、デスクワークがいいのか、人と関わるのがいいのかなど、一言で「パート」といっても、いろいろな職種があります。

「正社員」の場合も、業種、職種はさまざまです。制服に着替えて働くのか、スーツでなければいけないのか、カジュアルな職場がいいのか。正社員として働くのも、一律ではありません。自分はどんな会社に勤めたら幸せになるのかを考えてみます。

「エリート」の場合にも、どういうエリートをめざすのかを考えます。エリートには、大企業で働く人もいれば、弁護士、会計士など資格に守られた人もいます。まずは、その資格を取得すること、大企業に入社することがキャリアパスになります。

「フリーランス」も、自分のオフィスや店を持ちたいのか、自宅のキッチンで働くようなスタイルがいいのかによって、キャリアパスは変わってくるでしょう。

またフリーランスでは「待ちの仕事」「攻めの仕事」に分けられ、前者は、お客様が来るのを待つ働き方で、後者は、自分からお客様を取りにいく働き方です。

これも、どちらがいい悪いではなく、受け身のほうが仕事をしやすい人もいれば、積極的に仕掛けていきたい人もいるわけです。自分はどちらのタイプなのかを知ることで、自分のキャリアパスを考えていきましょう。

「ビジネスオーナー」の場合も、1社または1店舗でいいという人もいれば、小さな会社やお店をいくつも経営したいという人もいます。いずれにしても、関わる人たちが多くなればなるほど、すごいエネルギーがかかるのは、間違いありません。

「投資家」は、株式や債券、不動産、通貨などに投資するわけですが、どれだけハイリスクを取るのかということで、キャリアパスは違ってきます。

キャリアパスを間違えてしまうと、うまくいくものもうまくいかなくなるということが起きてきます。

どんな働き方にも、最低限、身につけなければならない知識や情報があります。

自分はどこをめざすのか。

「無職」

「専業主婦」

「ボランティア」

「パート」「正社員」

「エリート」

「フリーランス」「自営業」

「ビジネスオーナー」「投資家」

いまあなたは、どこに属しているでしょうか。

そして、これからルートをどちらに変えたいのかを考えていきましょう。

幸せを決める
働き方のルール

14 どんな働き方にも、身につけなければならない知識や情報がある

第3章

自分のコースをどう登っていくか

目的地に到着するまでをシミュレーションしてみましょう

ロッククライミングをする人たちを見たことがありますか？

険《けわ》しく、そびえるような岩壁をロープだけで登っていくのですが、彼らはいきなり岩壁に登るようなことはしません。

チャレンジ前に、半日ぐらいかけて、下から崖《がけ》を見上げながら自分がどう登っていくのかをシミュレーションしてみるのだそうです。

これは、自分の仕事や働き方を考えるときにも、大事な感覚だと思います。

ロッククライミングに挑《いど》むように、自分がキャリアでどの道を歩めばいいのか、それをシミュレーションしてみることです。

就職先を決めるときに、たとえば小さな企業に入って、いろんなスキルを身につけたほうがいいという考え方もあります。

大きな企業では仕事が細分化されていて、仕事をしても全体の流れがよくわからないということがあります。それに比べて、小さい企業の場合には、何から何まで自分でしなければならないかわりに、全体の流れを知って覚えることができます。そのなかで、自分は何が得意で、何が苦手であるかということもわかったりします。

経営者になりたいと思うなら、まずは経理を学ぶために、会計事務所に入るという選択もあります。いつか自分のレストランを開きたいと思うなら、飲食関係の職場に入るという選択もあります。

すでに仕事をしている人でも、ルートは変えられるということは前でお話ししました。いまいる場所からでも、いろいろな山の登り方があるはずです。

まずは専門の学校で、基礎の勉強をする方法もあれば、実際に、その仕事に就《つ》いてみるという方法もあります。

そのためには、自分の才能を見つけなくてはいけません。

自分がどこで輝けるのか、ということを知ることです。

最悪なのは、自分が輝けないところで、無理やり頑張ろうとすることです。

職場環境が劣悪なブラック企業のようなところで働いても、ただ使われるだけで終わってしまいます。それでは何も得られるものはないでしょう。

人がやりがいを持って仕事に取り組めるのに必要なのは、報酬の多さではなく、その仕事を楽しいと思えるかどうかです。

そして、「才能が使えている」と自分で思えることができて、それが、お客様や職場の人たちの役に立っていて、自分の将来にもつながっていくとなれば、その仕事に幸せを感じることができます。

そうした感覚が腑《ふ》に落ちれば、相乗作用で仕事はどんどん面白くなっていきます。

幸せを決める
働き方のルール

15 いまの場所から最善のルートを探す

才能を発揮できる好きなことを探しに行きましょう

私は著作や講演会で、「大好きなことを仕事にしよう」というメッセージをお伝えしています。それは、自分の才能を発揮できる、いちばん簡単な方法だからです。

それがその人だけではなく、まわりの人をも幸せにします。

いわば幸せのスパイラルに入るわけですが、そのためには、
(1) 自分は何に向いているか
(2) いまの仕事のやり方でいいか
ということについて、考える必要があります。
(1)の「自分は何に向いているか」というのは、自分の才能を見つけていくことです。
たとえば自分は、接客の才能があるのか。

あるいはマーケティング。

ものを売ることとか、何かを構築すること。

文章を書いたり、人前で話をしたりすること。

料理をつくったり、レシピを考えたりすること。

絵を描いたり、デザインしたりすること。

パソコンでデータ処理をすること。

プレゼンしたり、その資料をつくったりすること。


あなたにある才能を、複数見つけましょう。

そして、それぞれの才能を、いまの職場で役立てられる方法を見つけてください。

文章を書くのが得意なら、企画書や稟議書《りんぎしょ》を書いてみることです。

チラシをつくったり、ブログを書くことで仕事に活かせることもあるでしょう。

デザインすることが好きなら、友だちのホームページや名刺をつくってあげたりすると、喜ばれると思います。

幸せを決める
働き方のルール

16 仕事をするなかで自分の才能を見つけていく

人前で話すことが得意なら、プレゼンできる機会をつくるのもいいでしょう。

料理が好きなら、友人を招いて、ご馳走《ちそう》してあげましょう。

また、食べ歩きに出かけて、自分もつくってみたいと感じるのか、間近でスタッフの働き方を見てみましょう。

あるいは、自分にある「人と人をつなぐ才能」や「プランニングが得意な才能」を活かしていくことを考え、その才能を開発していけばいいのです。

そのためには、たとえば結婚式の2次会の司会を自分から買って出たり、その道で成功している優秀な人に企画書を見てもらったり、なにかイベントがあるときには幹事を引き受けたりしてみましょう。

そうした小さな行動が、壁を登っていく足がかりとなっていきます。

自分らしさを表現するライフワークを見つけましょう

誰かに決められた仕事をやるのと、自分で仕事をつくり出すのとでは、仕事でのワクワク感がまったく違ってきます。

人に言われたことをただやるだけでは、たとえ立場は正社員であったとしても、アルバイトと変わらないかもしれません。

仕事を始めたばかりのときには、教えられた通りに仕事をすることになるでしょう。でも、そのなかで、自分に合うものや、もっとやっていきたいと思うものに出会うこともあります。

なので、自分の才能を見つけるには、まずは、どんなことでも引き受けて、やってみることが大事だと思います。

そうして自分が本当にやりたいことが見つかってきたら、ただ言われたことだけをこなすだけでは、物足りないと思うようになります。

自分で工夫したり、企画書を出したりして、もう少し高度なところで、自分から仕事をつくり出せるようになるわけです。

ただし、仕事というのは、ただ自分がやりたいというだけではうまくいきません。

それができたとしても、会社の利益や個人の報酬につながらなければ、仕事にはなり得ないのです。やりたいことが経済的に成り立って、はじめて、仕事になります。

ライフワークとは、「自分のなかにある《幸せの源泉》から湧き出る情熱を使って自分らしさを表現し、まわりと分かち合う生き方」ですが、自分のなかで「これだ!」と思うことが見つかったら、それをどんどん、やってみましょう。

自分でも気づかないうちに、人に喜ばれることをしていたらライフワークに行き着いたという人もいれば、もっと積極的に、湧いてくる情熱から、「これだ!」とわかる人もいます。

その仕事をしていると、時間がたつのを忘れるぐらい熱中して、疲れも感じないくらい楽しいことが、ライフワークです。

仕事をしたら報酬がもらえますが、お金を払ってでも、それをしたいと思うことに出会ったら、それがあなたのライフワークです。

同じライフワークをするのでも、パートや正社員としてする人もいれば、ビジネスオーナーとして、その才能を使う人もいるでしょう。

その人の個性と同じで、どのようにライフワークを展開していきたいのかも、一人ひとり違います。

あるいは、その人の年代や家族構成でも違うでしょう。子どもが小さいうちは小さく始めて、やがて大規模でやりたくなっていくかもしれません。

7つの選択肢とあわせて、ライフワークをどうするのか、考えてみてください。

幸せを決める働き方のルール

17 お金を払ってでも、それをしたいと思う仕事に出会う

相性のいい仕事と業界にいて、はじめてあなたの力が発揮できます

人生のパートナーを選ぶときに、相手との相性はとても大切ですが、仕事や働き方にも同じように相性があることを、あなたは考えたことがありますか?

たとえば、公務員だったときには目を引くような仕事はしなかったのに、芸能界に転職したらメキメキ成功したという人もいます。飲食業界ではうまくいかなかった人が、転職先の会計事務所では成功している、ということもあります。

世の中にはいろいろな仕事があり、業界もさまざまです。それぞれに空気も違えば、ルールも変わります。自分がめざしたい場所があるとき、自分の特性が、その仕事や業界に合うかどうかということを見ていきましょう。

相性が合わないと、いくら頑張っても成功できないということがあるからです。

つまり、自分の居場所を間違えないということです。

自分の才能がどこにあるのか、それをどういう順番でやっていけばいいのかということを見ていかなくてはいけませんが、そこで、自分とその仕事との相性を見極める能力が必要になります。

それには、職場の人たちとの相性も関わっていきます。

相性のいい人たちに囲まれていると、仕事もうまくまわります。

前の会社ではパッとしなかった人が、転職して、バリバリ仕事をするということがあります。それこそ、同一人物とは信じられないような働きをすることがあるわけですが、それは、新しい仕事の内容と、一緒に働く人との相性がよかったからでしょう。

自分の成長が可視化できる職場では、人は伸びていくものです。

大きな会社では歯車の一つにすぎなかった自分が、小さな会社では裁量権が増えたりしたことで、それまで現れていなかった力を発揮するわけです。

この逆に、小さい会社では、できること、やれることに制限がかかって力を発揮できなかった人が、大きな会社に移ることで、自分がもともとやりたいと思っていたことができるようになる、ということもあります。

これが相性です。

職場の人たちや上司がいい人だから、仕事との相性もいいとはかぎりません。

それは単にストレスが少ないだけで、あなたの成長はないかもしれないのです。

仕事をするうえでは多少のストレスは、カンフル剤の効果をもたらします。

厳しくされたり、プレッシャーがあるからこそ、いい仕事ができるということもあります。そうであれば、けっして相性が悪いとはいいきれません。結果として、そのおかげで成長できたということもあるわけです。

幸せを決める
働き方のルール

18 相性のいい人たちとの仕事はうまくいく

教科書に書かれていないことが仕事では大切になります

仕事をするうえでの最低限の知識や常識は、専門の学校や本から学べるものだと思いますが、いちばん身につくのは、やはり実際に体験してみることでしょう。

職場で、実際に働きながら仕事のことを学ぶのを「ＯＪＴ（On-the-Job Training　オン・ザ・ジョブ・トレーニング）」といいますが、たとえば、セールスの仕事を学びたいと思ったら、１００冊の本を読むより、トップセールスの人に1日ついてまわるほうがずっと勉強になるはずです。

私は20代のときに、そのことを意識して、ビジネスで成功されている方たちに弟子《でし》入りして、その方々がどんな仕事をしているのか、毎日をどんなふうにすごしているのかを学ばせていただきました。

1日そばにいるだけで、それこそ、電話の仕方、取引先やお客様との接し方、社内での様子、家族との関係がなんとなくわかります。ビジネスの動かし方というものを目《ま》の当たりにして、どれだけ勉強になったかわかりません。

仕事というのは、実際に、その世界に入ってみないと見えてこないこともあります。いくら本を読んでもわからないことが、体験してみたら思ったより簡単だったということもあるでしょう。

なにか特別なスキルを持った人のところにいくことで、「こういうふうに問題を解《と》いていくのか」「課題をこなしていくのか」とか、なにかトラブルが起きたときには、「こんなふうに謝るのか」といったことをマスターできるわけです。教科書には書かれていないような、話の切り出し方や、受注の仕方を学んでいくのです。

私が弟子入りしたメンターの一人に、誰か人に会ったあとの帰りの車のなかで、信号待ちのあいだに、サラサラッとお礼状を書く人がいました。

決して達筆ではなかったのですが、車で適度に揺れたほうがよく書けるそうで（笑）、なるほどなぁと思ったものです。

「お礼状」にもいろいろな書き方があります。形式的なものでは相手の心には響きません。かといって感情的になりすぎては、相手が引いてしまいます。

ただ、「ありがとう!」と書いてあるだけでも、十分に伝わります。

セールスのことを学ぶなら、マーケティングやクロージングのことに加えて、人間関係のことまで広げて覚えましょう。

幸せを決める働き方のルール

19 OJTでセルフカリキュラムをつくる

そういうカリキュラムは、誰かがあなたのためにつくってくれるわけではありません。自分自身でつくっていかなければならないのです。

どんな業界、どんな職種でも、セルフカリキュラムをOJTでつくっていくことが、実践的なトレーニングになります。

いいメンターを探して、実践的なことをどんどん覚えていきましょう。

いろんな人生ルートを歩んでいる人に会いに行きましょう

その仕事について学びたい、スキルを磨《みが》いていきたいと思ったとき、誰をメンターにするのか、どんなメンターと出会えるのか、ということが大事になります。

どこの業界にも、あるいは、どこの会社にも、「できる人」というのはいるものです。

あなたにも、「この仕事に就きたい」と思う、きっかけになったような人がいるのではないでしょうか。または、その人の仕事ぶりを見て、「こんな人になりたい」と思ったかもしれません。

そういう人こそが、あなたのメンターです。

けれども、メンターというのは、一人である必要はありません。

たとえば、「セールス」の分野だったらAさん、「会計」だったらBさん、「人間関係」

のことならCさん、というように、複数のメンターに自分が学びたいことを分担してもらうのです。

仕事をしていくうちには、自分の専門外の知識やスキルが必要になることもあるでしょう。

どんなメンターにも、得意なことと不得意なことがあります。最悪なのは、メンターから、得意なことではなく、苦手なことを教えてもらうことです。

その意味では、どんなメンターから、何を学ぶのか。そのスキルを持つことも大事だといえるでしょう。

第1章で女性には7通りの働き方があるとお話ししましたが、それぞれのルートを知るためには、実際にその働き方をしている人に会ってみることです。

そうすることで、それぞれのいい点、悪い点が、リアルに感じられると思うのです。

主婦の人にも、投資家の人にも、思わぬ不満があったりします。

いろいろな人たちに話を聞けば、自分なりに比較することができます。

「正社員の人は、きっとこうだろう」と思っていたことが、案外違っていたということもあるものです。

また、その仕事に就けば、誰もが通る道というのもあります。

たとえば、自分のお店を持った人が直面する困ったことというのは、過去にお店を持ったことがある人なら、誰もが経験したことだったりします。

それをどんなふうに解決したのか、ということを教えてもらうだけで、お店を持ったときのシミュレーションができます。

そして、直接お話を聞くなかで、「この人の生き方がいいな」と思った人に出会ったら、その人にメンターになってもらうのです。

困ったときに、メールや電話ですぐに相談できるメンターは、貴重です。

ぜひ、あなたのメンターを探してください。

幸せを決める働き方のルール

20 直接、会いに行けるメンターを持つ

自分の性格に合う仕事、合わない仕事を考えてみましょう

どういう働き方をしたいかを考えるとき、そのルートが、あなたの性格に合っているかどうかも考えてみましょう。

「自分のまわりは経営者ばかりだ」

「私のまわりは専業主婦やパートで働いている人が多い」

「家族、親戚、みんな公務員だ」

そうすると、自分も、まわりの「みんな」と同じように会社を経営したり、専業主婦にならなければいけないような気持ちになることがあります。

けれども、当たり前のことですが、「みんな」はあなたではありません。

あなたが、自分にとってのいちばんいい働き方を見つけること。それが、後悔しない人

生を生きることになり、生きがいのある人生になるわけです。そして、それこそが、私がこの本を書いた目的です。

どんな働き方がいいのか考えるときに、自分の性格もあわせて考えてみるといいかもしれません。

たとえば、自分は人と関わるのが好きなタイプなのか。一人でじっくりやるのが向いているタイプなのか。それだけでも、自分に合う仕事、合わない仕事が見えてきます。

本が好きだから、本に関わる仕事がしたいと思ったとしても、そこにはさまざまな仕事があります。

作家として関わるのか、翻訳者として関わるのか。あるいは本をつくる側の出版社の社員として関わるのか、売る側の書店員として関わるのか。デザインや印刷に関わる仕事もあります。

会社のなかで仕事をしていくのがいいのか、独立してやっていくのがいいのか。毎月の給料をもらうほうがいいという人もいれば、成功報酬のほうがモチベーションが上がるという人もいるでしょう。

自分の才能をかたちにしていくのに、時間がかかる人もいれば、とにかく行動してみるという人もいます。

自分は、どんな状況であれば、安心して、あるいはやりがいを持って、その才能を発揮できるのか。それを考えてみましょう。

専業主婦だった人が、セールスの仕事をして成功したということがありますが、それは、「初対面の人に物怖《ものお》じしない」という性格だったからといえるでしょう。

「人と話をするのは苦手」という人なら、たとえば翻訳をしたり、なにか作品をつくり上げていくような、一人で進められる仕事のほうが合っているかもしれません。

就職しようと思っても、「適当なところがなかったから」といって、自分で会社を立ち上げてしまう人もいます。

「そんなことは私には無理」という人がいるかもしれませんが、組織のなかで働くよりも、一人のほうがいいという人なら検討してみる価値はあります。

自分に向いている仕事、働き方がわかって、それに近づいていくと、自信が少しずつ出てきます。

最初から、なにもかもうまくいくというわけにはいかないかもしれません。

それをスタートするには、ちょっとした勇気も必要かもしれませんが、できることから実行に移していくと、知らないあいだに、「気がついたら、うまくいっていた」ということもあります。

環境が変わることで、それまでは思ってもいなかったような自分の才能にめぐり合えることがあります。本当は、もともと自分にあった才能でも、発揮する場がなければ、それが花開くことはありません。

適切な土壌と適切なタイミング。それが、自分では予想もしなかった未来を連れてきてくれるかもしれません。

幸せを決める
働き方のルール

21 自分に向いている働き方ができると自信が湧いてくる

理想の場所にたどり着くには、あなたなりの戦略が必要です

「将来はフリーランスになりたい」
「自分のお店を持ちたい」
「いまの会社で上をめざしたい」
「ビジネスオーナーになりたい」

というような自分のゴール地点がイメージできる人は多いかもしれませんが、そのときに悩むのが、

「でも、そこに行くには、何をすればいいのか」

ということでしょう。

とりあえずＯＪＴで修業しようと思っても、どんな会社なりお店なりで働くのがいいか

迷ってしまうのです。

大企業に行くのがいいのか、小さいところに行くのがいいのか。その業種、職種はどう選んでいくのか。

自分の行きたい道が、はっきりと決まっている人は、それに向かって選べばいいので、迷うことはあまりないかもしれませんが、そうでない人は、たとえば2社の採用試験があった場合には夜も寝られないほど悩んでしまったりすることがあります。

2つの銀行のどちらに行けばいいのか悩んで眠れなくなったりしても、数年後に2つの銀行は統合したりするのです。

それはともかく、仕事を選ぶときに、入り口はどこでもいい、というのが私の考えです。仕事で成功できるかどうかは、途中と出口が大事なのであって、入り口はどこから入ってもいいのです。

たとえば富士山を登るときには、北から行くのでも、南から行くのでもいいわけです。最終的には、その頂点まで行くのだということが決まっているとしたら、どのルートを行っても、ゴールは変わりません。違うのは、途中で見える景色だけです。

ところで、私は「TLC（Transformational Leadership Council）変革リーダーシップ評議会」のメンバーとして、年に2度、世界中のリゾートで開かれる会議に出ています。

TLCとは、世界のベストセラー作家、講演家が友情を育み、より世界に貢献できることを目的に設立された団体で、『こころのチキンスープ』のジャック・キャンフィールドをはじめ、ジョン・グレイ、ジョー・ヴィターレ、ポール・シーリィ、マーシー・シャイモフなどが所属しています。

それこそ世界で活躍する成功者ばかりですが、彼らの経歴はさまざまです。

博士号を持っている人もいれば、目立った学歴がない人もいます。名門の家に生まれた人もいれば、どん底のホームレスの経験がある人もいます。

でも、いまは全員が、それぞれのかたちで活躍しているわけです。

人生は、途中からが勝負なんだとわかれば、気軽にスタートすることができます。

逆にいえば、なんでもいいから、とにかくスタートすることです。それをしないことには、何も始まりません。

この章の初めに、ロッククライミングをする人は、登る前には半日ぐらいをかけて、自分がどう登っていくのかをシミュレーションするという話をしましたが、何事も行き当たりばったりで流されていくだけでは、望む場所には行けません。

かといって、考えてばかりでは、スタートすることもできないわけです。

入り口は何でもいいのだと思えると、とにかくスタートしてみようという気分になれると思います。

ただし、スタートしたところから、次にどう行くのか、どこに手をかけていくのか、という戦略を考えて、行動することも大事です。

それをしないと、結局は、その山を途中で降りなければならなくなったり、滑落《かつらく》したりしかねません。命綱をどこにつないでおくかも、ちゃんと考えておきましょう。

幸せを決める
働き方のルール

22 最初の入り口は何でもいいと考えて、戦略を練る

第4章

必要なスキルを積み上げていくには

いまの仕事で、何を積み上げていきますか？

自分なりの仕事を見つけたら、次に、それを育てていくことが大事になります。

では、どうすれば、仕事を育てていけるでしょうか。

「仕事を育てる」というのは、どういうコンセプトかといえば、その分野に必要なスキルと知識を積み上げることです。

たとえば勤続20年といえば、20年のキャリアがあるように見えますが、同じ1年を20回繰り返しただけだとしたら、何も積み上がっていないということになります。

キャリアというのは「経歴」のことですが、仕事とは、まさに、何をどれだけしてきたかということだと思うのです。

そして、最終的に、その仕事をどう成長させていくかということが、「仕事を育てる」

ということです。

それには、仕事を積み上げていかなければなりません。

どうすれば、経験が積み上がっていくような仕事ができるのかということを考えることです。

ただ同じことを繰り返しているだけでは、経験は積み上がっていきません。

仕事を育てていくという視点に立って、設計していかなければならないわけです。

それをしないと、あっという間に1年がすぎ、2年がすぎ、気がついたら10年もたったのに、何も積み上がってないということにもなりかねません。

もちろん、仕事というのは続けていれば、なにかしらは身についているはずです。

会社員としての日々の仕事はこなしていけるようになっても、それが何かの役に立つかというと、そうとはいえない可能性があります。

「言われたことを漸《よう》くこなせるようになりました」というのは、会社のなかで自分が育ったとはいえるかもしれませんが、仕事を育てるところには至っていません。

たとえば、5年たったらその仕事で独立できるだけの力をつけている、というくらいになっていれば、仕事は育っているといってよいでしょう。
自分が仕事を育てられるのか、というのはとても大事なことです。
「自分の仕事は毎年、同じことの繰り返しなんです」
という人もいるかもしれませんが、同じ仕事でも、仕事を育てていくことはできます。
むしろ、そういうケースのほうが一般的でしょう。
仕事というのは、たいていは同じようなことの繰り返しです。
それは、慣れれば、誰にでもできるものだといえるかもしれません。
そういう仕事を、自分だからこそできるものにしていくことです。

幸せを決める働き方のルール

23 その仕事で、独立できるだけの力をつける

あなたの選んだコースには、どんなルールがありますか？

自分だからこそできる、というものを増やしていく。それが仕事を育てるということですが、それには、それぞれの働き方によって、ルールがあります。

たとえば「専業主婦」であれば、どういうルールがあるのかといえば、家事をこなす、パートナーをサポートする、子どもと向き合う、ということになるでしょう。

それが、どこまでできているかというところに専業主婦としての達成感があり、その人の幸せ度にもつながっていくのではないでしょうか。

パートの場合には、働いているあいだ、きっちりと役割を果たし、仲間とうまくやることができたら、充実してくるのではないでしょうか。

仕事には、その関わり方に合った裁量権というものがあります。その範囲内で仕事をしていくというのも、ルールの一つです。

正社員の場合も、与えられた裁量権の範囲で仕事をしていきます。

たいていは朝から夕方まで、決められた時間に出社して、仕事をしなければなりません。何度も遅刻するというのは、ルール違反です。

エリートにはエリートのルールがあります。ノルマをこなさなければならなかったり、医師や弁護士など、その仕事によっても、それぞれのルールがあります。

フリーランスの人は、正社員に比べたら、時間的には自由があるかもしれませんが、関わる仕事の多くに期限があるので、そんなにのんびりできないはずです。

自分のお店であれば、決められた時間に開けなければならなかったりします。

一生懸命に働いても、お金を払ってもらえないこともあるし、必ずしも毎月、決まったお金が入ってくるという保証はありません。それもフリーランス、自営業のルールです。

ビジネスオーナー、投資家には、大きな金銭的リスクを背負っていかなければならないというルールがあります。

あなたは、いま、どのコースにいるでしょうか。

幸せを決める
働き方のルール

24 自分のコースのルールを学ぶ

あなたのいるコースには、どんなルールがあるでしょうか。

自分が選んだコースのルールをしっかりと学んでいればいるほど、成功しやすいということがいえます。

逆にいえば、そのルールを知らないと、一生懸命にやっても、「こんなはずではなかった」と、途中でがっかりすることになりかねません。

また、自分の働き方、仕事のルールを誰に教わるかということも、とても大切です。ルールを学ぶ相手を間違うと、中途半端な人間になってしまいます。

若いうちは、イヤでも厳しいぐらいの上司や先輩についたほうが、後々助かることになります。

仕事には「消費の仕事」と「投資の仕事」があります

あなたは、今日は、どんなことをしましたか？

明日は、どんなことをする予定ですか？

「一日があっという間にすぎてしまった」

「とりあえず、今日のノルマは果たすことができた」

「自分は、何をしていいかわからない」

たいていは、日々の業務だったり、職場の人や取引先、お客様とのつながりから、こなさなければならない作業というのがあるはずです。別の言い方をすれば、一日の大半が、そうした作業に費《つい》やされているという人が多いでしょう。

でも、毎日の業務をこなすだけでは、仕事を育てていくことはできません。

朝起きてから寝るまでのあいだ、あるいは職場で仕事をしているなかで、将来役に立てることにどれだけ時間をかけられるか。それができるかどうかが、仕事を育てていくときの大切なポイントになります。

仕事でも他のことでも、時間をかけたぶんしか結果は出せません。

たとえば、パンをつくるには、粉を練って発酵させる作業が必要です。粉を練るのが足りなかったり、十分に発酵させることができなければ、パンは思うようにふくらみません。

また、パンをつくろうと思っても、花の世話をしていたのではパンはできません。当たり前のことですよね。

でも、その当たり前のことが、わからなくなるのが仕事です。忙しくしていると、とくにそうなる傾向があります。

ただ作業をこなすだけで、いまの仕事が自分のこれからにどう役立つかということをないがしろにしてしまうわけです。あるいは、将来にどう役に立つかを考える余裕もなくなるといってもいいかもしれません。

仕事には「投資の仕事」と「消費の仕事」があります。

「消費の仕事」は、やってしまったら、それで終わりという仕事です。それに費やされた時間に対する報酬以外に、自分に返ってくるものは何もありません。

それに対して、「投資の仕事」は、未来の自分に、経済的豊かさをもたらしたり、そのためのスキルになったりするものです。

すべての時間を「投資の仕事」に費やすことは難しいかもしれません。たとえビジネスオーナーや投資家になったとしても、それなりのルーティンワークというものはあるものです。

けれども、たとえば10時間働いたとしたら、そのうちの何パーセントが、将来に役立つような仕事になっているのかということを考えてみましょう。

たとえば将来はパティシエになりたいと思って、ケーキショップで働いたとしても、接客をしたり、店内を整えたりという仕事がほとんどでしょう。けれども、たとえば1時間だけは、先輩のパティシエの仕事を手伝わせてもらったりということがあれば、それは「投資の仕事」になるのではないでしょうか。

あるいは、自分で意識していなかったのに、結果として「投資の仕事」になるということもあります。

私のまわりの女性でいえば、書籍の編集者は、年に10冊程度の本を担当しています。どの本も同じような思いでつくっていたとしても、全然売れないものもあれば、なかにはベストセラーとして多くの人たちに読まれるものもあります。

ヒットを出した編集者は、その本が代表作となって、高い評価を得ることになります。なかには、それでヘッドハンティングされたり、独立したりという人もいます。たまたま担当した仕事が、人生を変えるということが起きるわけです。

ただ、ぼんやり仕事をするのと、将来につながる仕事をするのとでは、10年後まったく違う世界に行くことになるでしょう。

自分の仕事が、消費の仕事か、投資の仕事になるのか、いつも考えておきましょう。

幸せを決める
働き方のルール

25 将来の自分に役に立つ仕事をする

いい人間関係ができている人ほど、いい仕事ができます

すべての仕事に、人間関係というものはついてまわります。

人工知能の研究が進んで、ロボットと働く日も、そう遠いことではないようですが、それでも、パソコンだけで完了してしまうような仕事はかぎられたもので、どんな仕事にも、なんらかの人間関係が生まれます。

だからこそ、その人間関係が上手に活かせる人と、そうでない人の差というのは、とても大きくなります。

たとえば「ビジネスオーナー」は、働いてくれる人たちに喜んでもらったり、彼らを盛り上げていくスキルに長《た》けていないと、成功することはできません。

「投資家」というのは、人と関わらなくてもできそうに思うかもしれませんが、じつは投

資の成功は、いい案件を持ってきてくれる人、いい情報を教えてくれる人とつながっているかということにかかっています。

フリーランスの人も同じです。仕事の受注も、キーパーソンとつながっているかどうかで、その人の仕事の内容、報酬の金額が決まってきます。もちろん、それに応じて、やりがいもまったく違ってくるでしょう。

「エリート」の人たちは、上にも下にも人間関係があります。クライアントとの関係も人間関係です。円滑《えんかつ》なつき合いができている人ほど、仕事もスムースに進んでいきます。

取引先でプレゼンをするというようなときにも、人間関係がきちんとできている人は、「あの人の言うことなら信頼できる」という姿勢で、話を聞いてもらうことができます。

反対に、「あの人の言うことは信用できない」と思われたら、うまくいくものもうまくいきません。どちらがいい仕事ができるかというのは、言うまでもないことです。

「正社員」「パート」の人も同様です。

職場でなにかトラブルが起きたときに、「あの人に聞いてみよう」「あの人なら解決してくれる」と、他の人から慕《した》われるような人がどこにでもいるものです。その逆で、「あの人に話をすると面倒になる」と、後まわしにされる人もいます。

あなたは、職場で、頼りがいがあると思われているでしょうか。

「ボランティア」でも、人間関係は大事です。何をやるにしても、協力してくれる人が必要だからです。ＮＰＯにお金を出してくれる人や一緒に手伝ってくれる仲間との関係が、ボランティアの活動の楽しさと幅を決めるでしょう。

「専業主婦」は、仕事での人間関係というのはありませんが、嫁姑の関係から始まって、近所の人たちや子どもの学校関係など、それこそ人間関係の良し悪しが毎日を幸せにもするし、不幸にもします。

仕事での関係ならば、その会社をやめれば、その関係を断ち切ることができますが、そうはいかないというところで、悩みはより深刻かもしれません。

幸せを決める
働き方のルール

26 人間関係が、幸せ不幸せを決める

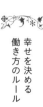

あなたの仕事は、お金を生み出していますか？

仕事が現実的に何を生み出すかといえば、お金を生み出します。

けれども、その生み出し方は、その仕事のやり方によってさまざまです。

「自分の仕事は、どういうふうにしてお金を生み出すか」

仕事をしていくうえで、このことをきちんと考えておきましょう。

たとえば、従業員の人は、その月に働いた時間に応じて、あるいは前年の成績、もしかしたら15年くらい前に入社したときの契約に基づいて、給料が支払われています。

すごいパフォーマンスを上げたら報酬が3倍になる、ということはないかわりに、たとえ大きな損を出したとしても、その負債を弁償したりする責任はないというのが、従業員のメリットです。

お金をどうやって生み出していくのかということが、仕事の成功に結びついていくわけですが、仕事の一部だけを担当する「パート」の立場では、それができません。その仕事だけでは、お金を生み出してはいないからです。

正社員の場合にはどうかといえば、「お金を生み出す仕事をしている人」と「お金を生み出さない仕事をしている人」の2種類に分かれます。

フリーランスの場合にも、「お金を生み出す仕事」と「お金を生み出さない仕事」があります。

お金を生み出さない仕事がダメだというのではありません。

大事なのは、仕事には、その違いがあるということを知っておくことです。

ビジネスオーナーの場合も、何がお金を生み出し、何がお金を生み出さないのかを知っていなければなりません。投資家の場合も、利益を生むものは何かということをきちんと把握《はあく》していなければなりません。

それがわからずに、「お金を生み出さない仕事」ばかりしていたら、経済的に成り立たなくなってしまうでしょう。

ボランティアの仕事は素晴らしいですが、お金を生み出すものではありません。

そうはいっても、ボランティアの活動には、お金がかかるはずです。そのお金を寄附でまかなうのか、バザーや補助金をもらうのかで、活動の広がりが違ってきます。

さきほどご紹介したリン・ツイストさんは、この30年の活動で、200億円ものお金を集めて、世界の飢餓、アマゾンの森林保全など環境問題に向き合っています。

たくさんの寄附を集める力があってこそ、ダイナミックな活動ができるようになります。

あなたが、どういう立場で仕事をするにしても、お金の流れを見たり、お金の生み出し方を身につけていくのは、とっても大事です。

なぜなら、お金のきれいな流れを生み出すのが、仕事の本質でもあるからです。

幸せを決める
働き方のルール

27 お金を生み出す仕事と、そうでない仕事の違いを知る

どの仕事をするかで、年収は、ほぼ決まってしまいます

仕事とお金には密接な関係がありますが、どの仕事をしたら、どれだけお金が入るかという、おおよその単価というのは決まっているものです。

単価が決まっている仕事をしているかぎりは、収入はそれほど増えていきません。

たとえば自営業でクリーニング店をしているとして、同じ通りにクリーニング店が4軒並んでいたら、自分の店だけ、他の3倍の値段をつけるわけにはいかないでしょう。

他の店にはできない特別な技術や設備があれば別ですが、そうでなければ、世の中の相場に合わせるしかないわけです。

そう考えると、仕事というのは、職業を選んだ瞬間に、ある程度入ってくるお金の額というものが決まってしまうことがわかります。

幸せを決める
働き方のルール

28 自分の仕事が、いくら生み出すのかを知る

保育士や介護士として働いていたら、仕事による報酬で億万長者になれる人はいないのです。なぜかといえば、その仕事に対して払える金額というのが決まっているからです。

お金を生み出せない仕事をして、お金が入らないのは当然のことです。

そのことを知ることが大事なのです。

「この仕事は好きなんだけど、あまりお金にならない」ということに不満を感じるなら、そのしくみや仕事のやり方を変えられるか考えてみましょう。もし、難しそうなら、仕事自体を変える必要が出てきます。

「いま自分がしている仕事でどれだけ稼げるのか」

「将来は、どういうふうに稼いでいけるのか」

このあたりのことも、考えに入れましょう。

どこまで仕事にエネルギーを注ぐかを決めておきましょう

「いまの仕事は面白くて、どんなに残業しても苦になりません。それで休みの日も会社に出て働いています」

という女性がいます。そこまで打ち込める仕事に出会えるのは素晴らしいことです。

「だから、いまは子どもを産みたくありません」

実際に子どもができたら考えは変わるかもしれませんが、仕事をしていくうえで、子どもを持つのか、持つとすればいつがいいのかというのは、とくに女性にとっては大きなことでしょう。

20代のうちはまだ余裕があるかもしれませんが、30代、40代になれば、子どもを産むか、産まないかで、今後の人生が大きく違ってくるでしょう。

仕事と結婚、子どもの関係についてはあとでお話ししたいと思いますが、この章の最後に伝えたいのは、仕事というのは、どこまでするのかを決めておかないと、いつのまにか飲み込まれてしまうということです。

仕事というものは、面白くなると、それにどんどんはまっていくという傾向があるのです。だから、残業や休日出勤で睡眠時間や家族との時間を削ってしまうわけですが、優秀な人ほど、仕事に飲み込まれる可能性が高くなります。

事業を立ち上げたばかりのときなど、仕事が優先される時期はあるものですが、それが何年も続いている場合には、働き方を見直す必要があるかもしれません。

自分の人生の何もかもを犠牲にして働いているのに、お給料は他の社員と変わらない——その会社で働いているうちはいいかもしれませんが、たとえば定年になったら、「自分には何も残らなかった」というような思いをしないともかぎりません。

仕事にかぎらず、自分が没頭できるものに出会えるというのは、人生のギフトというべきものですが、それが後悔の元になったりしたら、大好きな仕事を恨《うら》むことにもなりかねません。

自分の一日、一ヵ月、一年をふり返ってみましょう。

そして、仕事に飲み込まれていないかをチェックしてみることです。

仕事を一生懸命にすること自体は悪いわけではありませんが、自分の幸せが何かを忘れて没頭していては、本末転倒です。

専業主婦なら、家族のために働くことは素晴らしいことですが、子どもはいつか巣立っていくものです。

気づいたら、自分だけが家の中に取り残されてしまったということがないように、「自分の仕事」を見直してみることです。

途中からでも、ボランティアや、もともと興味のあることを始めてみてはどうでしょうか。

幸せを決める
働き方のルール

29 仕事に飲み込まれていないかをチェックする

第5章

あなたの選択次第で人生のステージは変わる

仕事から離れるタイミングが来たら、チャンスです

一度ルートを決めても、人生の途中で路線が変わるということは、珍しくありません。正社員の道を選んでも、結婚して専業主婦になることもあります。パートから正社員になることもあります。専業主婦から起業家の道に進む人もいます。

計画的にルートを変える人もいれば、自分では思ってもみなかったかたちでルートが変わる人もいます。

たとえ自分で望んだことだとしても、ルートが変わるときには悩む人が多いでしょう。

正社員だった人は、「主婦としてやっていけるだろうか」と思い、主婦だった人は、「自分に経営ができるだろうか」と考えます。

「いままでのようにはいかない」

ルートが変わるときの共通の悩みは、これまでとは違う仕事のやり方への不安から来るものです。

人は、自分が体験していないことをするときには、不安を感じるものです。

「いままでのようにはいかない」というのは、自分の才能やスキルを心配してのこともありますが、それだけではありません。

たとえば主婦になるというときには、主婦として家事や育児をやっていけるかどうかという不安とともに、いままでは、自分の口座に毎月振り込まれていたお給料やボーナスがなくなってしまうという心細さもあります。パートナーの収入だけでやっていかなければならないわけですが、たとえ、パートナーが収入も理解も十分にある人だとしても、自分のお金を得られなくなることに不安を感じるわけです。

パートから正社員になる場合は、たいていの場合は収入が増えて、より安定した雇用形態となるわけです。それなら不安はないかといえば、今度は、「自分に正社員としての責任が果たせるか」という不安が生まれます。それまでは、休みをとっても許されていたのが、正社員になったらそうはいかなくなります。仕事によっては、ノルマを課せられることもあります。会社に拘束されたような気持ちになるかもしれません。

それとは逆に、正社員からフリーランスになるときには、「会社」という後ろ盾《だて》をなくして、寄る辺《べ》がないような感じがするかもしれません。

けれども、そういう路線変更が起こるのが、人生です。

いまの仕事から離れるときというのは、人生が変わるときです。「いつかは、そのときが来る」と意識しておかないと、いつまでも成長のない道を歩むことになります。

転職したいと思いながら、それができないのは、環境が変わることを「怖い」と思うからですが、ルートを変えるのは、もっと怖いことかもしれません。

転職だと、会社が変わるだけですが、ルートを変えるというのは、生き方が変わることを意味するからです。

これまでは会社員だった人が、フリーランスやビジネスオーナーになるというのは、とても勇気のいることです。

そのときには、いままで体験しなかったような不安や恐れが出てくるものです。

だからこそ、仕事から離れるタイミングを考えておかないと、そのままズルズルと、いままでの道を行くことになります。

そこで必要なのがキャリアプランニングです。

「キャリアプランニング」とは、文字通り、キャリア（職業履歴）をプランニング（計画）することです。最近では「キャリアデザイン」という言葉もよく使われますが、私は同じ意味として捉えています。

自分のキャリアをどうしていくのかを考えておくことです。

結婚したら専業主婦になるのか、仕事を続けていくのか。それによって、いまのうちにしておくことが変わってきます。準備ができていれば、ルート変更にも余裕を持って対応できるわけです。

幸せを決める
働き方のルール

30 これからのキャリアプランニングを考えておく

働き方が変わるとき、ルールも変わります

これまで、仕事や働き方には、それぞれのルールがあることを繰り返しお話ししてきました。

人生のルートが変わるときに大変なのが、新しいルートにあるルールを学ぶことです。

最近起業した女性は、もともと大手企業で秘書をしていた人ですが、

「いままで上役をサポートする側で、自分が前に出ることはなかったのですが、社長になって、これからは先頭に立っていかなきゃいけないと思っています」

と言っていました。

従業員という立場であれば、それほど自分自身を社外に向けてアピールする必要はありませんが、フリーランスになったり、自分の会社やお店を起《た》ち上げたりしたときには、自

分の仕事をアピールしていく必要が出てくるかもしれません。

また専業主婦の人がパートに出るというときには、家の中とは違う、最低限の社交術が必要です。

人生のルートを変えるときには、新しいルールにそって、「必要なもの」がある一方で、「手放さなければならないもの」もあります。

たとえば、エリートの人がルートを変えるときに手放さなければならないのは、「エリート意識」です。

いままでは、名刺を出すだけですんなりと進んだことが、そうはいかなくなります。

自分と対等か、もしくは自分のほうが上だと思っていた人にも、頭を下げなければならないことがあります。

ここで気づかなければいけないのは、ルートが変わったら、新人になるということです。

職場では役職がつくような仕事をしていたとしても、専業主婦になったら、以前の仕事は関係なくなります。

赤ちゃんを抱えて公園デビューするなら、エリートっぽい意識、話し方、服装から、専業主婦らしいものに変えていかないと、まわりから浮くことにもなりかねません。

近所の奥さんたちと一緒にいるときに、「私は、有名企業の課長だったの」と言っても、その場では話を合わせてくれるかもしれませんが、あとで「感じの悪い、イヤな人」として、噂されるかもしれません。

自分を曲げてまで、合わせる必要はないのかもしれませんが、新しい世界でうまくやるには、気をつけたいところではあります。

ルートを変えるときには、

「もう一度、ゼロからスタートする」

「その仕事のルールを学び直す」

という感覚がないと、路線変更した先でうまくいくことは難しいでしょう。

幸せを決める
働き方のルール

31 ルートが変わったら ゼロから学び直す感覚を持つ

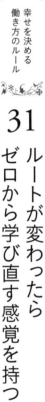

いまの仕事を手放すと何が起きるのかを考えてみましょう

ルートを変えたら、手放さなければならないものもあります。いまの仕事をやめると、それまでに得ていた立場がもたらす役得がなくなってしまいます。

たとえば大企業の正社員の人は、会社をやめたとたんにステータスがなくなり、自分が取るに足らない存在になったという感覚を持つことがあるようです。

フリーランスになって、「自分が根無し草のように感じた」という人もいます。

正社員だった人が専業主婦になって、「地位が低くなったような気がした」ということもあるでしょう。

言うまでもないことですが、フリーランスや専業主婦の人の地位が低いということではなく、ルートが変わったことで、そうした感覚を持つことがあるということです。

新しい仕事に慣れていくと、そうした感覚は、自然に消えていくこともあるでしょう。けれども、ルートが変わることで、どんなことが起きるかがわかっていないと、仕事と一緒に自尊心までも、失ってしまうことになります。

ルートが変わっても、ただ仕事のやり方が変わるだけです。

自尊心まで手放す必要はないわけです。

専業主婦の人が生活のためにパートに出たり、正社員だった人がリストラにあってフリーランスになったり、というようなルート変更は、自分の価値が下がったり、人生が悪くなっていくように感じてしまうものです。

逆に、これまで大きな会社の正社員であったことに、そんなにも変なプライドを持っていたのかと、自分を観察してみるのも、面白いのではないでしょうか。

知らないうちに、頭のなかで職種のヒエラルキーができあがっていて、それがものごとを正確に見ることを困難にしています。

7つの選択肢のなかでは、エリートの仕事をしていた人が、いちばん誇り高いかもしれません。社会的なヒエラルキーの洗脳から抜け出さないと、自分が何をやるときが幸せになれるのかという視点を失ってしまいます。

「私はこんな仕事をする人間じゃないのに……」

ルート変更で始めた新しい仕事に対してのそうした考えは、あなたを不幸にします。

それなのに、「こんなはずじゃなかった」という思いを抱いていたのでは、ゼロどころか、マイナスの地点をウロウロすることになってしまいます。

仕事をやめたからといって、人間的な価値は下がらないということを思い出してください。60歳、65歳になって、リタイアするときも同じことがいえるかもしれません。

そのときに、「自分はこれだけのことをしてきた」と誇りを持ってやめるのと、「あれもこれもできなかった」と後悔しながらやめるのとでは、次の仕事はもちろん、あなたの人生そのものも、まったく違うものになるでしょう。

幸せを決める
働き方のルール

32 仕事をやめても自分の価値は下がらないと知っておく

いまのうちに一時リタイアするという選択もあります

女性が仕事をしていくときに、出産や介護のためにリタイアしなければならないという状況が起こることがあります。

途中で仕事をあきらめて、リタイアするというのはつらいものですが、ことにやりがいのある仕事ができるようになったときには、「本当はやめたくない」という気持ちが強いかもしれません。

仕事をやめるのは、勇気のいることかもしれませんが、仕事をいったんリタイアするといっても、一生リタイアしていなければいけないわけではありません。

子育てのためのリタイアなら、子どもが数人いたとしても、長くて10年です。

リタイアしなければならないときというのは、たとえば精神的に、あるいは肉体的に疲れて、休まなければいけないということもあるでしょう。

そのことで、自分は弱い人間なのだと、自身を責める人がいますが、私はそうは思いません。私たちはロボットではないわけですから、疲れてしまうこともあります。

からだにそれが現れるというのは、「休みなさい」というサインと考えてください。

ボクシングでも、KOされる前に、自分からタオルを投げて、一度リタイアすることもあります。それをすれば、またいつか、次の試合に出ることもできるでしょう。

再起不能になってからリタイアしたのでは、遅いのです。

定年になってリタイアしたら、あとがないと考える人は多いかもしれませんが、10年前ならともかく、いまは、そんなことはありません。一度はリタイアしても、70代、80代で、現役で仕事をしている人が、あなたのまわりにもいるでしょう。

幸せを決める
働き方のルール

33 ボロボロになるまで、自分を使いすぎない

宝くじが当たったら、仕事をやめたいと思いますか？

逆に、リタイアしたいと思っても、仕事をやめたら食べていけない人も多いでしょう。

そして、たいていの人が、本当は好きではない仕事をしています。

なぜそうしているかといえば、その仕事をやめたら食べていけない、あるいは、もっと条件が悪くなると考えているからです。

よく「宝くじが当たったら、仕事をやめる」という人がいますが、宝くじが当たらなくても、仕事をやめることはできます。

経済自由人になれば、お金にしばられずに仕事を選択することができます。

「お金を稼ぐために働いているのに、お金があれば仕事が選べるなんて、机上の空論ですよ」という人がいるかもしれませんが、そんなことはありません。

経済的自由は、宝くじに当たらなくても、少しずつ手に入れられます。

もちろん、すぐに一生分の経済的自由を得るのは無理かもしれません。けれども、数日、数週間分の経済的自由を手に入れるのは、それほど難しいことではありません。

これについては、前作『賢い女性の「お金の稼ぎ方・ふやし方・守り方」』に、その方法とあわせて書いています。

たとえば5万円を株式投資すると、年間1500円くらいの配当が出ます。1500円あれば、最低限1日の食費になるでしょう。つまり、その分は働かなくていいわけです。そういうふうに計算して、お金を貯めていくのです。

10万円あれば、2日分の食費を稼ぐことができます。100万円あれば、20日分の食費を稼げる計算になります。

たとえば、300万円の年収でも、10パーセントを貯めていれば、約1週間分、4年で約1ヵ月分の最低生活費がカバーできるようになるのです。

そういうふうに、お金と上手につき合っていく方法を知っておくと、仕事をやめたいと思ったときに、「しばらくは働かないでも食べていける」と余裕が出てきます。

すると、イヤイヤ仕事をしていたストレスが大幅に減ります。

不思議なもので、「いつでもやめられる」と思うと、余裕を持って仕事ができるようになり、急にうまくまわりだすということもあります。

なので、いまの経済状態にもよりますが、一生のあいだに、経済的に自立するということも視野に入れておきましょう。

日常のお金を稼ぐ必要がなくなると、仕事の楽しさは飛躍《ひやく》的に増します。

そして、より自分らしい仕事のほうにシフトもしやすくなります。

なので、それが実現する前から、頭のなかだけでも経済自由人になるというのは、どうでしょう？

その心の余裕が、あなたらしい人生を引き寄せることになると思います。

幸せを決める働き方のルール

34 仕事をやめても困らないように貯金しておく

仕事をやめることなく、一生現役という道もあります

定年以降まで働きたくないという女性がいる一方で、一生、仕事人として現役でいたいという女性もいます。

前者は好きなことを仕事にしていないために、仕事そのものをネガティブなものとして考えているのかもしれません。または、「仕事」にとらわれることなく、もっと自由に生きたいという気持ちから、そう考えるのかもしれません。

それと反対に、後者は、自分の好きなことを仕事にしているために、ずっとそれを続けたいと思うのかもしれません。あるいは、仕事ができなくても、社会にいくらかでも貢献したいと考えてのことかもしれません。

あなたは、どちらがいいでしょうか？

どちらが正解ということではなく、前者でも後者でも、自分の理想のかたちになるのが望ましいと私は思います。

ただし、いずれのルートを行くにしても、それまでに必要なものを積み上げておくことです。

定年以降は働きたくないという人は、働かなくていいだけの経済的余裕が大切です。

それがないと、「この年になってまで働いていたくない」と思いながら、一生働かなければならない羽目になります。

生涯現役をめざす人は、それができるだけの専門性を持つことが大切です。

たとえば、専門性があれば、定年にかぎらず、育児や介護で一時期は仕事を離れることがあっても、仕事に復帰できます。

正社員やエリートの場合には、定年で会社はやめなければなりませんが、それまでの経験を活かして、フリーランスやビジネスオーナーになる道もあるわけです。

この章では、ルートが変わったときに、どう対応していくのかということをお話ししてきましたが、路線変更にしろ、リタイアにしろ、それはあなたのステージが上がるチャンスだと考えましょう。

そのチャンスを活かすには、新しいルートのルールを学ぶことが大事なのです。

だいたいのルールさえ頭に入っていれば、ルートが変わっても心配したり恐れたりすることはなくなるでしょう。

昭和の時代には、入社したら定年まで一つの会社で勤め上げるという人がほとんどでしたが、そのうち、転職したことがないという人が少数派になるのかもしれません。

それだけ自分に合う会社、自分に合う仕事を選べる時代だともいえます。

恐れずに、自分のステージを変えていきましょう。

何度もいいですが、どれがいい、悪いではありません。

あなたがいちばんしっくりする場所を探して、そこで輝いてください。

幸せを決める
働き方のルール

35 一生現役の道を行くなら、自分の専門性を積み上げておく

第*6*章

パートナーシップと、家族との関係

夫婦関係と仕事について考えてみませんか？

最近のある調査によれば、結婚しても、なんらかのかたちで仕事を続ける女性は、全体の約9割を占《し》めるそうです。

そのうちの7割近くがフルタイムで働いています。そうなると、夫婦で共有する時間というのは、どうしても少なくなりがちです。

それだけに、これから二人でどういうふうに生きていくのかを考えておかないと、いつのまにかライフスタイルがすれ違っていたということにもなりかねません。

結婚して10年がたって、子どもがいないという場合には、夫婦になった意味もわからなくなって、離婚してしまうというカップルも少なくありません。

子どもがいる場合も、よほど意識していないと、共働き夫婦のコミュニケーションは、家事と子どもに関しての業務連絡が中心になってしまいます。

子育てしているあいだは、二人で家事を分担したり共有したりということがありますが、子どもが大きくなって、また夫婦だけですごす時間が多くなったときには、話すこともなくなっていた、ということもめずらしいことではありません。

そのときに、もしもお互いに仕事があって、経済的にも安定していたら、ある日ふと、「どうして、夫婦でいるんだっけ?」という疑問が湧いてきます。

仕事のほうがうまくいっていれば、パートナーの存在は、むしろ邪魔にさえなって、「一人になったほうが、もっと仕事に打ち込めるのに」と考えたりします。

ことに家事の負担の多い女性は、そう思いがちですし、実際に、「離婚して、毎日がラクになった」という人もいます。

昔は、「仕事と私とどっちが大事?」というのは、女性が男性にいう言葉でしたが、いまは逆に、パートナーから女性に向けられることもあるようです。

そのときに、内心、「仕事のほうが大事」と思っている女性も少なくないでしょう。

「なぜ私たちは夫婦になったのか」

「なぜ自分は仕事をしているのか」

ということの両方をふだんから考えておかないと、夫婦ともに経済力がある場合には、いつのまにか、関係が終わっていく可能性があるということです。

夫婦でいるということには、お互いに努力が必要になります。

結婚した当初は、お互いにいいようにと誓ったはずなのに、いつのまにか「自分ばかりが損をしている」と思うようになってしまうのです。

それで、床にリモコンが落ちていても、どちらが拾うかで揉めたりすることがある、というのは結婚生活を5年続けた人ならわかるでしょう。

たとえば出張の多い仕事は、出張に行かない人から見れば、「いろいろなところに遊びに行けていいなぁ」と映るものです。それが自分のパートナーだと、「また出張なんかに行って」というふうな気持ちになって、イライラしたりします。

また、収入の面から見ても、どちらが多い少ないで、競争してしまうこともあります。

結婚しても女性が働くのが普通になったといっても、まだまだ「妻には家にいてほしい」と思っている男性は少なくありません。そのために、パートにいくのも夫に対して遠慮がちになるケースもあります。

「家のことをちゃんとしてくれれば、働きに行ってもいい」というようなことを男性はつい言ってしまいがちですが、「それなら離婚して一人で働いているほうがいい」と女性が思うのも無理もないことです。

夫婦としての関係と仕事。この二つを両立させていくなかで、いろいろ課題が出てくるものです。それを面倒だと思って、どちらかをやめてしまうのか、二人で努力して、課題を乗り越えていくのか。そこに「夫婦であること」の意味があるわけです。

また、この力学は、女性同士のカップルでも同じです。

二人で一緒にいる意味、仕事をやりながらも共同生活する意味を、ふだんから話し合いましょう。

幸せを決める
働き方のルール

36 夫婦でいることの意味を考える

家族の成長にあわせて、仕事の仕方を変えていきましょう

結婚しても仕事を続ける人もいますが、仕事は「子どもが生まれるまで」という期限をつけている人も少なくないようです。

「子どもができるまでは、できるだけ貯蓄しておきたい」

「子どもができるまでは、生活のレベルを落としたくない」

と思って、フルタイムで働くにしても「子どもができるまで」とするか、仕事と育児を両立するために、結婚してからはパートで働くことを選ぶ人もいます。

子どもができたら家にいたいと考える人のなかには、自分が幼い頃に、母親が働いていて、寂しい思いをしたからという人もいます。

あるいはパートナーのほうで、「子どもができたら家にいてほしい」と思っていること

もあります。それには、「自分の母親もそうだったから」ということもあります。

どちらも自分の体験から考えていることで、悪いことではありません。

けれども、自分がやりたい仕事があるときには、こうした思いが悩みの種になります。

「仕事はしたいけれど、子どものためにそれはできない」

そうして実際に、自分の仕事をあきらめたという人もいるでしょう。

けれども、ここで考えたいのは、母親が仕事で家にいないと、子どもは不幸になるのかということです。

自分の母親がずっと働いていたという人は、たしかに寂しい思いをしたかもしれませんが、それで不幸になったかというと、どうでしょうか。

問題があるとすれば、母親が仕事をすることではなく、家族のコミュニケーションが不足することだと私は思います。

それなら、家族で話し合うことが必要です。

私は娘が小さい頃は、食事はできるだけ家族一緒にとりたいと考えていました。ときには、仕事関係の方たちや友人と会食の予定が入る場合がありますが、そのときには、家族に話をして、会食に出るか出ないかを決めていました。

妻や娘も同じようにしています。会食に出るかどうかよりも、家族で話して、お互いが理解し合うということが大切なのだと思っています。

子どもができたら、できるだけ家にいたい、というのは、親としての正直な気持ちでしょう。けれども、仕事をしたいということも、一人の大人として自然な欲求であり、経済的に、それが必要だということもあるでしょう。また、そう思えるほどの仕事に出会えたということであれば、とても素晴らしいことです。

そこで、あきらめてしまうのではなく、家族と話し合って、仕事のルートとルールを決めていきます。

たとえば、子どもが小学校に行くまではパートで、週に3回だけ仕事に出る、あるいは、子どもが小学生のあいだは、帰宅したときに家にいられるようにフリーランスを選択する、というようなこともできるわけです。

または、残業がないような仕事を選択することで、夕食は必ず家族そろって食べるようにするということもできます。

幸せを決める
働き方のルール

37 家族との時間を考えに入れて、キャリアプランニングしていく

もしも、将来家族を持ちたいのであれば、そのうえで仕事とどう関わっていくかをあらかじめ考えておきましょう。

大企業のエリートとして働く場合には、家族との時間をゆったりとすごせるようには、配慮されていない会社がほとんどです。

女性が、エリートの道を選択しながら、子どもを何人も持とうと考えたとき、いろんな問題に直面することになります。それこそ、仕事か子どもかの選択を迫られるような岐路《きろ》に立たされることもあるでしょう。

そういう社会体制がすぐに変わることはないかもしれません。

大切なことは、自分がどういう生き方をしたいのか、自分にとっての大切なものは何かを考えることで、それに合う働き方、暮らし方をしていくことです。

子どもを持つことと仕事のバランスを、どう取りますか？

子どもを持つか持たないかで、女性の30代、40代の生き方は、まったく違うものになります。

子どもが生まれて、ある程度、親の手を離れるまでには、少なくとも5年から10年の時間が必要になります。

いくら出産休暇や育児休暇が整備されていても、会社が子どもを育ててくれるわけではありません。その間は、どうしても、仕事を休まなければならなかったり、休まないまでも、時短勤務になったり、残業ができなかったりということがあります。

それでも、そういう制度を利用できる人は、恵まれているほうで、子どもを育てながら働いている女性は、厳しい状況の下、仕事を続けているという人が多いでしょう。

ところで、仕事をする人にとって、30代、40代というのは、まさに脂《あぶら》が乗った時期で、この間にどれだけのキャリアを積み上げていくかで、その後の仕事人生が決まってきます。

仮に、同じ仕事で、同じ時期に子どもを持った人でも、専業主婦の奥さんがいる男性と、自分自身が出産した女性とでは、女性のほうに大きなハンディがあると言わざるを得ません。


仕事をしたいという気持ちがあっても、出張には行けない、子どもが熱を出したら早退しなければいけない、そんなことが日常茶飯事《さはんじ》です。

自然と、いい仕事は自分にはまわってこなくなる、ということがあるのが会社です。

「子どもなんて産まなければよかった」

そんな思いに駆《か》られることがあるかもしれません。

しかし、それでは、あなたの人生が、もったいないと思いませんか。

後悔する人生は、好転していきません。

仕事をしながら子どもを持つ女性が後悔してしまうのは、仕事をする自分に重きをおいているからです。

「子どもがいなければ、もっと仕事ができたのに」と後悔するわけです。

けれども、それでは子どももあなたも、かわいそうです。

子どもを持ったら、子どもを持てたことに重きをおいてはどうでしょうか。子どもを育てるのは本当に大変ですが、子どもを持つことで得る喜びもあります。

あなたが、これから子どもを持つか持たないかということに迷っているなら、どちらの生き方も間違いではありません。

子どもを持たずに、仕事をバリバリこなしていくこともできます。

子どもを持って、仕事はスローダウンすることもできます。

大事なのは、どちらも自分から積極的に、その生き方を選ぶことです。

幸せを決める
働き方のルール

38 残業ができない分は別のことでフォローすればいい

「子育て」と「仕事」の両立には助けが必要です

前作『賢い女性の「お金の稼ぎ方・ふやし方・守り方」』では、「専業主婦には、積極的専業主婦と消極的専業主婦の2種類がある」ということを書いています。

結婚したら仕事はしないということを積極的に選択している人が「積極的専業主婦」で、本当は働きたいと思っているけれども、子どもを預かってくれる人がいないために専業主婦になっているという人を「消極的専業主婦」としました。

専業主婦は地方よりも首都圏のほうが多いのです。それは、地方では、自分の親やきょうだいが近くにいるので、子どもの面倒を見てもらいやすい環境があるのに対して、首都圏では保育施設などの不足によって、それができず、「消極的専業主婦」にならざるを得ない事情があるようです。

子どもを持って働くことを選択するのであれば、まずは、子どもの面倒を見てくれる人を探さないと、現実的には厳しいでしょう。

実家の母親、またはパートナーの母親が、近くにいて協力してもらえる人はラッキーです。それが難しい場合には、子どもの面倒を見てくれる人を雇うというのも一つの方法です。

イギリスでは、出産直後から6歳くらいまでの子どもの世話をする「ナニー」という職業があります。専門教育を受けた人で、国家資格として認められています。

日本では、まだまだ一般的とはいえませんが、ベビーシッターの派遣会社などに依頼することが可能です。

もちろん、こういったサービスをお願いするためには、お金がかかるので、ある程度稼いでいないと難しいでしょう。

パートナーがいる場合には、送り迎えなどサポートしてもらえますが、シングルマザーだと、毎日が大変だと思います。

子どもが小さいうちは、保育所をどうするのかも悩ましい問題です。

幸せを決める
働き方のルール

39 充実した仕事と素晴らしい家族を両立させる方法を見つける

充実した仕事をするということと、素晴らしい家族を持つというのは、どちらも重要な要素です。

しかし、仕事のために家族を犠牲にする、あるいは、家庭のために、自分の仕事をあきらめるという問題は、個人的に解決するには、大きすぎるかもしれません。

仕事か家庭か、と二者択一しなければならない時代が早く終わるといいのですが、そんな夢のような未来を待っているわけにもいかないでしょう。

仕事も子育ても、自分一人で背負ってしまってはうまくいきません。

パートナーや家族がいる人は、一緒にどうするのがベストなのか、いろいろ話し合って、答えを出しましょう。

シングルで働いている方は、まわりの友人のサポートなど、助けを求めるようにしてください。

38歳で、女性の運命はだいたい決まる、と考えておきましょう

女性が結婚をして、子育てをしていく可能性を考えると、「38歳」という年齢が一つの目安になると思います。

出産についていえば、40代でも可能ですが、自分の道を決める一つの区切りとして、38歳という年齢があると思います。

自分の人生を考えるときに、女性にとって、子どもを持つか持たないか、というのは大きなことです。

けれども、子どもを持ちたいと思っても、それが叶わないこともあります。

結婚するかどうかということも、自分の思い通りになるとはかぎりません。

ただ、結婚しないこと、子どもを持たないことが不幸なのかといえば、そんなことはな

いでしょう。

子どもを持たないなら、持たないなりの生き方もあれば、幸せの見つけ方もあります。

けれども人は、手に入らないと思うと、それがものすごく価値のあることのように思えて、あきらめきれないということがあるのです。

また、それとは逆に、子どもを望んでいたわけではなかったのに、授かってしまうということもあります。

子どもを授かったことも、授からないことも、運命だと思って、それを受け入れるしかないでしょう。

ここが人生の大変なところだと思うのですが、自分のなかで、どう折り合いをつけていくのかです。

子どもを持たない運命ならば、子どもを持ったからといって幸せになれるわけじゃないということを知ることです。

これは一つの真実ですが、子どもを持つことでの喜びというのは、たしかにありますが、それ以上に、子どもを持ったことで、その子が悩みの種になるということは十分に考えられます。

また子どもがいないおかげで、自分の仕事により力を注げるということもあります。

好きな仕事をやってこられたのは、子どもがいなかったからだという人は、キャリアで成功した女性には多いのではないでしょうか。

20代から30代の前半くらいまでは、まだ運命は決まっていないかもしれません。

けれども30代後半になったら、ある程度、自分の位置や可能性も見えてくるはずです。

それを見極めるのが、「38歳」という年齢でしょう。

自分は、結婚して子どもを持つ人生を選択したいと思うならば、遅くとも30代の後半には、自分に合うパートナーと知り合わなければなりません。

そのための準備をしましょう。

40 38歳で運命の方向性を見極める

パートナーによっても、女性のルートは変わっていきます

女性が自分のルートを決めるときに、パートナーの生き方に影響を受けることがよくあります。もちろん、パートナーから見ても、同じです。

自分が選択したいルートに合うパートナーを選ぶことが大事だと前でお話ししましたが、パートナーが路線変更することも人生では起きます。女性の人生は、それによって影響を受けやすいのです。

たとえば、子どもが生まれたら、仕事はしないで専業主婦になりたいと思っていても、パートナーがリストラされた場合には、パートに出たり、正社員としてフルタイムで働かなければならなくなります。

正社員として働いていたのに、パートナーが自分の店をオープンすることになって、夫

婦で店に出なければならなくなったりもします。

そういうパートナーの路線変更につき合って、自分の運命も大きく変わっていかざるを得ないということがあります。

自分の仕事がうまくいって、どんどん報酬が上がっていく場合もあります。

本当は喜ばしいはずですが、妻の給料が自分よりも高くなることを嫌がる器の小さい男性が現実には少なくありません。

あるいは、実際には、パートナーは気にしていなかったとしても、相手よりも給料が高くなることに対して、申し訳ないと思う女性もいるようです。

男性を立てることを良しとした日本女性ならではの感情だと思います。いま20代、30代の女性であれば、気にしない人が多いかもしれませんが、40代以上の女性には、まだそうした傾向が残っているように感じます。

お給料の金額はご主人に秘密にして、自分の仕事はたいしたことがないような振りをしてみせたりしている有能な女性もいます。でも、それがだんだんと面倒になって、結局は離婚してしまった、という人もけっこういるのです。

幸せを決める
働き方のルール

41 人生の変化によって変わるルートを予測しておく

自分の仕事がうまくいって、それに見合う報酬を得ているだけなのに、パートナーよりも収入が多いということで、結婚生活がダメになってしまうこともあるのです。

夫婦が話し合って、しっかりつながっていれば、奥さんの収入のほうが高くなっても、二人の幸せな生活をそのまま続けることもできるでしょう。

風通しのいいコミュニケーションがカギになるでしょう。

「男が働いて、女が家を守る」というのは、女性が仕事を持たなかったときの風習です。

いまは、女性が働いて、男性が家を守ることがあってもいいわけです。

女性同士のカップルは、二人で家を守るということになります。

家族で話し合って、いちばんしっくりくるルートを選んでいきましょう。

仕事とプライベートの線引きをしましょう

仕事が面白くてはまってしまうと、プライベートが浸食《しんしょく》されていく傾向があります。

仕事にかぎらず、面白いと思うことには、つい時間を忘れて没頭してしまうものです。

本を読み始めたら面白くて、気づいたら朝になっていた、というようなことは、あなたにも経験があるでしょう。

仕事でも、それと同じような状態になることがあるのです。

たとえば、大好きなことの目安として、「お金を払ってでもやりたい」というのがあります。仕事は本来、お金をもらってするわけですが、お金を払ってでもしたいことは、あなたが本当に好きで得意なことでしょう。

けれども、そんな仕事に出会ってしまうと、四六時中、それをしていたくなります。

結果、睡眠時間やプライベートの時間を削ってまで、仕事をすることになるわけです。なにかに没頭できる仕事をやれるのは素晴らしいことですが、生活がそれだけになってしまうのでは、ややバランスが悪いといえるでしょう。

そこで、仕事とプライベートな時間を意識的に分けることが必要になります。

それができれば、たっぷり睡眠をとって、からだを癒やすことができます。家族との時間を持つこともできます。恋愛したり、友だちと遊んだり、仕事とは違う趣味を持つこともできるようになります。

夫婦でお店や会社を経営していたり、同じ仕事をしていると、二人だけでいるときも、仕事の話ばかりになってしまうことがあります。

先日も、あるカップルのカウンセリングをしたのですが、夫婦の会話の9割が業務ミーティングで、ロマンチックなことは5パーセントもない、というのがご主人からの不満として出ました。

一日が終わったら、家族ですごすことがくつろぎの時間になるわけですが、夫婦で一緒の仕事をしていると、急に思いついたビジネスプランや、取引先のクレームをどうやって処理するかという話になってしまったりするのです。

それでは、ロマンスの愛の炎は小さくなっていくばかりです。

二人で一緒の仕事をしている場合は、やはり、仕事とプライベートのあいだに線引きをすることが大切です。

たとえば、午後7時をすぎたら、仕事のことは考えない、話さないというルールをつくりましょう。あるいは、最低限、10時すぎたら、寝室では仕事の話をしない、ということでもいいでしょう。

有能な人ほど、仕事に飲み込まれがちです。

仕事のしすぎに注意しましょう。

幸せを決める
働き方のルール

42 プライベートを仕事に飲み込ませない

仕事の関わり方は年代によっても違ってきます

この章の最後に、年代別に、仕事の関わり方を見ていきましょう。20代から80代まで、仕事について考えるときに、家族のことは大いに関わってくる問題です。ことに女性の場合は、その傾向が強いでしょう。

20代では、自分が何に向いているかをリサーチしていく時代だといえるでしょう。それを調べることで、自分のやりたいことを見つけていく地道な作業が必要です。

それと同時に、人生の師匠、メンターを探すことです。メンターと出会えるかどうかが、その後の人生を大きく変えていきます。

30代は、自分の専門性を見つけて、それを高めていく時期です。この間に子育てが入る人もいますが、その場合には、仕事、子育て、家族との関係をどうするのかということを考えなくてはいけません。

この時期にパートなどの仕事をやっていると、積み上がっていくスキルが身につきません。同じパートの仕事をやっていても、自分の専門分野を意識しましょう。

40代は、30代で高めてきた専門性を、さらに高めていくタイミングです。

この時期に、自分はこれができる、ということを見つけなければ、それからずっと低賃金の仕事しかできなくなります。

子どもがいる人も、40代の後半になってくると、子育てから手が離れて、本格的に仕事に打ち込める時代になるでしょう。「自分の仕事」を、自分の人生のどれくらいまで入れていけるかを考える時期ともいえます。

50代になると、子どもがいる人もいない人も、自分の時間を持つことができるようになります。人生で自由に時間を使える黄金期のはじまりでもあります。経済的余裕があれば、仕事ではなく、趣味に生きるという生き方を選択できる年代ともいえます。

60代では、たいていの人がいったんは仕事をやめることになります。人生80年として、このあとの20年をどうするのかを考えないと、ダラダラと長い老後が待っています。

仕事をほとんどしないで生きるという選択もありますが、行動的な女性は、退屈してしまうかもしれません。

健康なら、仕事としてやるかどうかはともかく、なにか自分にできることを毎日していくことが、幸せにつながっていくでしょう。

70代、80代では、どんな人が幸せかといえば、毎日やることがある人、楽しい人間関係を持っている人です。

この時期に毎日仕事をしていたとしたら、それだけの体力、知力、スキルがあるという証でしょう。住むところさえあれば、お金はそれほど多くいらないでしょう。その意味で、ボランティアや社会貢献に注力するという道もあります。

報酬の有無よりも、朝起きたときに、ワクワクしてやることがあるというのが、老後の幸せではないでしょうか。

幸せを決める
働き方のルール

43 年代別に仕事との幸せな関わり方がある

第7章

起業してライフワークを生きるという道

起業するハードルは低くなっています

自分が本当にやりたいことを突きつめていった結果、起業する道を選ぶ女性は少なくありません。「仕事で自分を表現する」延長線上に、起業があるのかもしれません。

もちろん大企業の正社員として、あるいはエリートとして、それを続けていく人もいますが、子育てなどをしながらの場合は、自分のビジネスを持つ、あるいはフリーランスになったほうが、時間をコントロールできるでしょう。

この本のなかで何度もお話ししてきた7つの働き方に当てはめるなら、起業はフリーランスに入りますが、自営業の道もあるのではないかと思います。

ところで、起業に至るまでには、それぞれにいろいろな経緯があります。

自分のなかでやりたいことがあって、それをビジネスとして起ち上げる人もいますが、なかには、リストラなどで働く場所を失って、しかたなく起業するという人もいます。また、友人や知人、昔の先輩に誘われて、それほどやりたいことではなかったけれども、起業することになったという人もいます。

そうしたことがきっかけになって、大成功することもあるので、人生はわからないものです。

起業で成功しやすいのは、やはり、自分がやりたいこと、大切に思っていること、ワクワクすること、喜ばれることをビジネスにする人です。

「私には起業なんかできない」という女性は多いかもしれませんが、ネットで検索すれば、起業するための具体的な方法は、いくらでも見つかります。また起業する女性を支援する自治体や団体などもあります。

専業主婦だった人が、起業で成功したという事例も、インターネットでたくさん見つかると思います。自分と似た生き方をしている人を探してみましょう。

起業するのに男女差はありませんが、女性だから起業しやすい職種というのもあります。

たとえば、自宅の一部を開放して、保育室や塾を開業するという方法もあります。専門的なスキルを身につけて、講座を開催したりする方法もあります。ネットショップを開くという方法もあるでしょう。

起業というと、資本金や事務所などを用意しなければならないと思いがちですが、それは昔のことで、いまは、小さなビジネスであれば、最初にお金がなくても、自宅のリビングで始めることも可能です。

大切なのは、自分は何がしたいのか、何に向いているか、ということでしょう。それがわからない場合には、何から始めていいのかも、はっきりしなくなります。

やりたいことが決まったら、まずは、それについてリサーチしてみることです。

「これなら私にもできそう」ということがあるかもしれません。

そんなふうにして自分のビジネスをスタートして、成功している女性もいます。

幸せを決める
働き方のルール

44 自分を表現するための方法としてフリーランスの道もある

女性の起業がうまくいかないのにはワケがあります

起業して成功している女性もいますが、それほど簡単なことではありません。

これは女性にかぎった話ではありませんが、起業して3年後に生き残れる会社は、10パーセントにも満たないというデータがあります。

専業主婦で「プチ起業」する人は増えていますが、実際にどれくらい利益が出ているかといえば、月に数万円ということもめずらしくないようです。

何でもそうですが、しっかりしたものをやるためには、それなりの準備が必要です。

起業して失敗する人というのは、「なんとなく」始めてしまった人のようです。

起業する動機は、「仕方なく」でも「なんとなく」でもいいと思いますが、いざ、それをビジネスとして起ち上げる段になったら、「事業計画書」を立ててみることです。

□具体的に何をするのか
□クライアントのイメージ、どのマーケットを狙《ねら》うのか
□商品、サービスは？
□資金のメド
□初年度の売上目標

そういったことを考えて、実際に書き出してみることです。

女性の起業がうまくいかないのは、「女性だから」というところで甘えて、「いざとなったら、夫や父親がなんとかしてくれるんじゃないか」と依存してしまう点にあります。

このように、起業には、正社員やパートとはまったく違ったルールがあります。

45 経営者と従業員ではルールが違う

自分の人脈を見直し、ネットワークをつくりましょう

起業すると、さまざまな課題や問題が出てきます。社員として働いていれば、会社が用意したもの、会社で決められたことをしていけばいいわけですが、自分で起業した場合には、何もかもを自分でつくり上げていかなければなりません。

それこそ、名刺やホームページをつくるところから始まっていくわけです。

自分では、どうしたらいいかわからないことでも、その道のプロに聞けばいいのです。

そういう人たちに助けてもらうことが、起業を成功させるカギです。

ビジネスを起こすときには、自分の人脈を見直してみましょう。いままでに、どんな人たちに支えられてきたのか、ということを再発見するかもしれません。

それは別の見方をすれば、自分がこれまでにつくり上げてきたネットワークです。その

ネットワークをどれだけつなげて、仕事に活かせるのかです。

起業で成功するには、お願い上手になることも大切です。

PRをお願いしたり、お客さんを連れてきてもらったり、専門業者を紹介してもらったり、というのは、誰か親しい人に頼むのがいちばん安心で確実です。

そういうときに、「人に頼るのはよくない」と考える人もいます。

けれども、たとえば逆の立場になったらどうでしょうか。

あなたの親しい友人が起業したら、なにか助けてあげたいと思いませんか？

自分にできることなら、喜んでそれをしてあげたいと思うものです。

あなたのまわりの人たちも、例外ではありません。

助けてもらうことは、悪いことでも恥ずかしいことでもありません。

言ってみれば、順番です。いまは助けてもらっても、いつか、その人か、あるいは別の人たちを自分が助けてあげる番がまわってきます。

そう考えたら、ちょっと恥ずかしくても、助けてもらおうと思えるかもしれません。

お願い上手の才能は、専業主婦やパートで働いているときには、それほど必要ではないものですが、起業には、なくてはならないものです。

起業は、自分発で仕事をつくり出していく、ということです。

逆に言うと、あなたが何もやらなければ、誰も助けてくれません。

自分で発案して、動いて、まわりを巻き込んでいくのがルールです。

パートや正社員で働いているときは、なんとなく指示待ちの態勢になっていたかもしれませんが、起業の道で、そんなことをやっていたら、数ヵ月で失敗してしまうでしょう。

たえず新しいことを自分発でやっていって、まわりの人を楽しませ、喜ばせる。

それが、起業の醍醐《だいごみ》味であり、喜びです。

面倒くさそうだなと思ったとしたら、起業はあなたが選択するべき道ではありません。

幸せを決める
働き方のルール

46 すべて自分発で動かさないと、起業はうまくいかない

誰かの役に立つ生き方を自分の人生に取り入れてみませんか

起業は、誰かの役に立つことをビジネスとして起ち上げるということを意味します。

あなたの提供する商品やサービスが、どう役に立つのかを考えてみましょう。

あるいは、あなたは誰のサポートをしたいのでしょうか。

それは、ある意味で、あなたの人生の総決算ともいえるものです。

あなたは、これまで何をやってきましたか？

それはどんなふうに、人の役に立ったのでしょう。

どんな人たちに、喜んでもらったのでしょうか。

そういったことを考えれば、自分がどんなビジネスで起業したらいいかが見えてきます。

報酬は、どれだけの人に影響を与えたかで決まってきます。それが少人数であれば、報酬はたいして望めません。あなたが何千人、何万人の人に影響を与えるなら、報酬も、それに見合ったものになるでしょう。

同じ歌うのでも、世界的に有名な歌手が歌うのと、ライブハウスで歌がうまいと評判の人が歌うのとでは、報酬は、何千倍も何万倍も違ってきます。

あなたが助けたいのは、誰でしょう？

喜ばせてあげたいのは、どんな人でしょうか。

どういうシチュエーションで困って、どんなサポートが必要なのでしょうか。

あなたが将来、起業というルートをめざすなら、いまから準備できることがあるはずです。

あなたが人を助けるスキルを磨けば磨くほど、起業に近づきます。

そして、それは、従業員をやっていても、身につけることができることです。

それをキャリアプランニングに組み入れておきましょう。

幸せを決める
働き方のルール

47 起業するなら、誰かの役に立つビジネスを見つける

第8章

働くことで、幸せになるコースを選ぶ

あなたにとって、どんな人生が幸せですか？

本書では「仕事」という側面でお話をしてきましたが、要は、あなたがその人生で、自分の時間とエネルギーをかけたいのは何か、ということになるでしょう。

仕事にかけたい人もいれば、家族にかけたい人もいるでしょう。ボランティアや趣味にかけたいという人もいるでしょう。

そうやって自分の時間とエネルギーをかけた先で、あなたが得るものが何かで、あなたの幸せ度が決まってきます。

時間とエネルギーをかけても、必ず何かを得られるとはかぎりません。

「こんなに一生懸命やっているのに、ぜんぜん報われない」

「誰も自分を認めてくれない」

「お金が思うように入ってこない」

自分の仕事をふり返って、こんなふうに不満をためている人がいるかもしれませんが、もしかしたら何かを間違えているのかもしれません。

反対に、自分が思った以上のものを受けとっている人もいるでしょう。

「自分はたいしたことはしていないのに、どんどん注文が来る」

「こんなことでお金をもらってしまっていいのか」

うらやましいと思う人もいるかもしれませんが、自分がかけている以上のものが入ってくると罪悪感を感じて、いつか奪われてしまうのではないかと、恐れるようになります。

仕事とは世の中に何を提供するかですが、自分が与えるものと受けとるもののバランスが、上手にとれている人ほど幸せになれます。

また、人生は自分を楽しませるためにあると私は思っていますが、何をしているときが自分は楽しいのかを考えてみましょう。

「仕事＝幸せ」「家族＝幸せ」「趣味＝幸せ」という人もいるかもしれませんが、人生は「これしか選べない」ということはありません。

幸せを決める
働き方のルール

48 自分が楽しいと思うことに時間を使う

仕事をしているときが楽しいというのは素晴らしいことですが、楽しいことはほかにもあります。家族が大事だと言っても、子どもたちは、いずれあなたの下から離れていくようになっているのです。逆に、そうでないと困るのではないでしょうか。

歳を重ねていきながら、自分が楽しいと思えることをふやしていくのが幸せの秘訣です。どうすれば、自分が楽しくなるような毎日が生きられるか、考えてみましょう。

自分が楽しいと思えることが多い人ほど、人生に満足できます。やらなければならないことに、ただ追い立てられているうちは、慌《あわ》ただしいだけで、本当の幸福感を得ることはできません。

一つひとつを味わうことも大切です。家族や友情、趣味や遊び、仕事も充実させていくことで、幸せにつながっていきます。

お金、やりがい、人間関係――仕事がもたらすものに目を向けましょう

仕事をしていてもつらいだけ、という人は、働き方を間違えている可能性があります。自分には合っていない仕事を選んでいたり、やり方に無理があるせいかもしれません。

仕事に何を求めているかによっても、その人の幸福度は違ってきます。

たとえば、パートの働き方では、それほどの収入は期待できないでしょう。それなのに、「いつまでもお給料が上がらない」と言っていても、その不満が解消されることはないでしょう。その場合には、正社員としてどこかで勤めるというコースに切り替えなければいけないのです。

仕事で幸せになるためには、仕事がもたらしてくれるものと、もたらさないものをわかっておく必要があります。

お金ややりがい、社会とのつながりは、仕事がもたらしてくれるでしょう。

ほかにも、仕事がもたらしてくれるものはたくさんあります。

たとえば、躍動感、ワクワク感は、仕事から得られやすいものではないでしょうか。

仕事では、やればやるだけのことが返ってきます。

それは仕事からのギフトといってもいいかもしれません。

あなたの仕事が、単なる作業ではなく、ライフワークになったとしたら、毎日感謝とともに仕事を始められるでしょう。

もし、いまの仕事が、「単に生活のため」にやっているものだったとしたら、定年後、どう感じるか、想像してみましょう。

死の床について、「ああ、もっとオフィスで仕事をやっておけばよかった」と後悔する人はあまりいないからです。

定年を迎えたときに、言いようのない孤独感に襲われる人もいます。

自分の人生を会社に捧げて、自分がいなければ会社はまわらないくらいに思っていたのが、あっけなく会社を卒業することになります。自分がやめても変わらずにまわっていく

幸せを決める
働き方のルール

49 仕事との幸せな距離を取る

会社を見て、自分の人生は何だったのかと思うわけです。

「もっと違う人生もあったのかもしれない」

「パートナーを見つければよかった」

プライベートを充実させなかったという後悔が出てくるかもしれません。

逆に、家事、育児、介護ばかりして、もっとちゃんとした仕事をやって社会で活躍したかったと思う女性もいるかもしれません。若い頃から意識していたら、60までには、手に職をつけたり、自分のお店を持ったりできたかもしれない。

仕事から遠ざかって生きていた人は、そういう後悔をするかもしれません。

あなたなりの仕事との距離は、あなたにしかわかりません。そして、年代によっても違うのです。幸せな距離を取ることを心がけてください。

家族、親しい関係、時間――仕事がくれないものを知っておきましょう

どんなに仕事を頑張っても、満たされないものがあります。

たとえば、時間。仕事をすればするほど、時間というのはなくなっていくものです。

仕事がないときには、仕事があるだけで幸せだと思えますが、忙しくなりすぎると、時間がなくなって、不満になってきます。

また、仕事をしすぎると、家族との関係も、希薄になってきます。

家族のために頑張って仕事をしていたのに、気づいたら、自分だけが家族から取り残されていたというのは、以前は男性にありがちなパターンでしたが、いまは働く女性も、その可能性がないとはいえません。

パートナーの収入だけでも生活できる環境だと、「おまえは好きで働いているんだ」と

恩着せがましいことを言われることもあります。それでも働くのは、仕事をすることで、やりがいや社会とのつながりが得られるからですが、そのぶん気をつけないと、家族から離れた存在になってしまうことがあります。

また、同じ職場の人たちと親しくなることはあっても、本当の友人を見つけるのは、難しいものです。友だちなら、お互いに気を許し、助け合うことができますが、仕事の関係では、プライベートには踏み込まないからです。

もちろん、職場によっては、親しい関係になれることもありますが、それはとてもラッキーなことだといえるでしょう。

仕事がもたらしてくれるものと、もたらしてくれないものを理解しておくことで、「こんなはずじゃなかった」と裏切られたような気分になることを避けられます。

幸せを決める
働き方のルール

50 仕事がくれないものを理解しておく

本当に大好きなことを見つけましょう

人が幸せになるのには、何が必要なのでしょうか。

いろいろあると思いますが、「自分のことが好きだ」ということが、その一つにあげられるのではないでしょうか。

いまの自分の環境に感謝できることも、幸せを形づくっていきます。

さらに、

「自分がしていることが認められている」

「感謝されている」

「誰かに喜ばれている」

「愛されている」

という感覚が持てると、日常の幸せ度は高まっていきます。

そのためには、毎日何をすればいいかといえば、一つには「ライフワークを生きる」ということではないでしょうか。

自分が本当にやりたいことをやって、それが誰かの役に立っていくことがライフワークですが、それを毎日の活動のなかに見つけられた人はとても幸せだと思います。

米国フォード・モーターの創設者であるヘンリー・フォードの言葉に、

「自分の好きなことをやればいい。

そうすれば、あなたは一生労働から解放されるだろう」

というものがあります。

イヤイヤ仕事をしても、効率は上がっていきません。それこそ、仕事をすればするほどつらくなって、「どうして自分はこんなことをしなければならないんだ」という気持ちに陥《おちい》っていくでしょう。

好きなことを仕事にすれば、それだけでワクワクした気持ちになれます。

初めて社会に出たときのことを覚えていますか。

仕事をするということにドキドキしながら、けれども、どこか誇《ほこ》らしい気持ちだったのではないでしょうか。

いつのまにか、仕事をするということに慣れて、喜びを見出せなくなってしまうことがあるかもしれませんが、それは本当に好きなことをしていないせいです。

「お金なんかもらわなくてもやりたい」と思うぐらい楽しいことを考えてみましょう。

幸せな仕事は、自分が働いているとか、頑張ってやっているというような感覚を持たずに楽しくできるものです。

ふだんの仕事のなかにも、そういう活動があるかもしれません。

日常のなかに、好きなことを見つけ、自分の才能を磨き、人に喜ばれることが、あなたの幸せにつながっていきます。

幸せを決める
働き方のルール

51 誰かの役に立つライフワークに出会う

どんな仕事をしても幸せは見つけられます

「いま自分がしている仕事に喜びを見つけるのは、無理です」

という人がいますが、どんな仕事をしていても、幸せを見つけることはできます。

たとえば、同じことをただ繰り返すだけの単純作業をしていても、「それが楽しい」という人もいるし、関わり方を変えるだけで、感覚は変わってきます。

経理のパートで、帳簿をつけているときに、一行一行、取引先の会社の名前をチェックしながら、「これだけ入金してくださって、ありがとう」ということを心のなかでつぶやいている、という女性がいました。

その話を聞いて、まさに愛と感謝のなかで生きている人だと思いました。彼女は、時給がいくらかに関係なく、幸せな人だと思います。

逆に、何億というお金を稼いでいたとしても、殺伐《さつばつ》と生きている人もいます。

報酬が少ないことを不満に思っているうちは、そればかりに気がいって、その仕事がもたらしてくれる他のものには目がいきません。それで、いつまでたっても、不幸な仕事をすることになるわけです。

「いいこと探しゲーム」だと考えて、いまの仕事のなかの「いいこと」を見つけていきましょう。それを意識するだけで、仕事に対して前向きになれるかもしれません。

いいことがきっと見つかるはずです。

どんな仕事でも、幸せを見つけることはできます。

どんな仕事でも、不幸を見つけることはできます。

だとしたら、幸せを見つけたほうが楽しいのではないでしょうか。

自分がしている仕事のなかで幸せを見つけられると、仕事を通して誰かに幸せを提供しているという感覚を持つことができます。

本書では、仕事のルートをどう選んでいくのかということを中心にお話ししてきましたが、どのルートに行っても、不正解というものはありません。

どんなかたちで仕事をしても、あるいは、仕事をしないにしても、あなたは幸せになれるのです
もったいないのは、自分の幸せに気づかず、不幸ばかりを数え上げてしまうことです。

仕事の本質は、「まわりを幸せにすることで、幸せを感じる」というものです。

人生を楽しむために、あなたの大切な時間を使ってください。

そのためにどういう活動をすればいいのか。

その答えは、あなたがこれからの人生で、見つけることになるのでしょう。

幸せな航海を！

幸せを決める
働き方のルール

52 仕事を通して幸せを見つける

おわりに――

自分の時間とエネルギーをどう使うか

この本を最後まで読んでくださって、ありがとうございました。

この内容がこれからのあなたの人生の役に立てれば、とってもうれしく思います。

シンプルに言えば、人生で「何を与えて何を受けとるのか」。これが本書のテーマです。

働き方の本というと、どんなところに就職したらいいか、転職するにはどうしたらいいかというようなことが書かれていると思われたかもしれませんが、この本では、働き方を生き方と捉えて、いろいろな角度から説明してきました。

女性は、仕事よりも、家庭に入ることを良しとした時代が長く続いてきました。いまは、家庭を持っても、女性が仕事をしなければならない環境になっています。

自分の仕事とどう関わっていくのかは、人生を大きく左右します。

ずっと不満をためて、会社やパートナーに文句を言いながら人生をすごすのか、まわりの人たちに感謝しながら人生をすごすのか。どちらを選択するかは、あなた次第です。

これまでに、お金や仕事のことについて、あまり考えずに生きてきたという人も、多いかもしれません。そんなに嫌いでもない仕事をやって、ほどほどの収入にも恵まれてきた人ほど、その傾向があります。

けれども、いま、この本を手にとったというところに、あなたの運命がかかっています。

「このままではいけないような気がする」

「何かを変えたい」

そんな気持ちで、ふと、ページを開いてみたのではありませんか。

あなたの人生のきっかけになれたのなら、著者として役割を果たせたような気がします。

あなたの人生が、輝かしいものになりますように。

本田　健

［著者プロフィール］

本田 健（ほんだ・けん）

神戸生まれ。経営コンサルタント、投資家を経て、29歳で育児セミリタイア生活に入る。4年の育児生活中に作家になるビジョンを得て、執筆活動をスタートする。「お金と幸せ」「ライフワーク」「ワクワクする生き方」をテーマにした1000人規模の講演会、セミナーを全国で開催。そのユーモアあふれるセミナーには、世界中から受講生が駆けつけている。大人気のインターネットラジオ「本田健の人生相談～Dear Ken～」は2200万ダウンロードを記録。世界的なベストセラー作家とジョイントセミナーを企画、八ヶ岳で研修センターを運営するなど、自分がワクワクすることを常に追いかけている。2014年からは、世界を舞台に講演、英語での本の執筆をスタートさせている。

代表作に『ユダヤ人大富豪の教え』『20代にしておきたい17のこと』（大和書房刊）など。著書シリーズはすべてベストセラーとなっており、累計発行部数は700万部を突破している。

賢い女性の7つの選択

幸せを決める「働き方」のルール

2016年6月1日　第1刷発行

著　者　本田　健

発行者　櫻井秀勲

発行所　きずな出版

東京都新宿区白銀町1-13　〒162-0816

電話03-3260-0391　振替00160-2-633551

http://www.kizuna-pub.jp/

装　幀　福田和雄（FUKUDA DESIGN）

編集協力　ウーマンウェーブ

印刷・製本　大日本印刷

ISBN978-4-907072-62-9

きずな出版

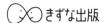